철학을 잊은 리더에게

리더를 위한 6가지 아들러의 가르침

철학을 잊은 리더에게

기시미 이치로 지음 | 부윤아 옮김

다산
북스

필요한 것은 그저
'철학을 잊지 않을 용기'

나는 알프레트 아들러(Alfred Adler)라는 이름이 거의 알려지지 않았을 무렵부터 시작해 지금까지 약 30년 동안 아들러 심리학을 연구하고 있다. 무엇보다 나에게 가장 흥미로웠던 부분은 아들러 심리학이 대인 관계 심리학이라는 점이다. 아들러 심리학을 배우기 시작했을 무렵, 나는 육아에 어려움을 겪고 있었다. 그런데 아들러의 대인 관계 기술을 익히자마자 아이들과의 관계가 바로 변했다. 리더와 팀원의 관계도 부모 자녀의 관계와 다르지 않다. 아들러는 직장의 대인 관계가 특별하지 않다고 주장한다. 애초에 직장에서 존경받는 상사는 가정에서도 아이들과 좋은 관계를 유지한다. 대등한 관계를 한번이라도 맺어본 사람이라면 누구와도 대등하게 지낼 수 있기 때문이다.

혼내지도 칭찬하지도 명령하지도 말라는 나의 방식은 대등한 관계를 제대로 이해하지 못한다면 효과가 없거나 오히려 대인 관계를 해치게 될 것이다. 그것을 제대로 이해한 후에 혼내거나 칭찬하는 것을 그만둔다면 분명 팀원은 상사가 말하는 것을 받아들이고 이전보다도 의욕적으로 일하게 될 것이다. 하지만 상사가 단순히 팀원을 조종하기 위한 수법을 배워야겠다고 생각한다면 상사와 팀원의 관계는 결코 대등해질 수 없다. 그리고 대등하지 않다면 좋은 관계를 구축할 수도 없다.

아들러는 대등한 관계의 중요성에 대해 주장한 논문을 1920년대에 발표했는데, 당시에 이런 사고방식은 쉽게 받아들여지지 않았다. 아들러의 사상은 시대를 앞서 나갔다는 평가를 받기도 한다. 오늘날에도 직장에서는 갑질이 횡행하고 학교에서는 교사가 학생을, 가정에서는 부모가 자녀를 혼낸다. 대등하다는 것을 제대로 이해하고 있다면 그런 일은 결코 일어나지 않을 것이다. 물론 머리로 이해하는 것과 진정으로 이해하고 실천하는 것은 다르다. 내 이야기가 이상론이라고 말하는 사람도 있을 것이다. 그러나 현실적으로만 생각하는 것은 철학이 아니다. 끊임없이 이상적인 모습에 다가가는 것이야말로 철학이라고 생각한다. 그리고 좋은 리더십의 이론적인 근거를 뒷받침하는 것이 바로 철학이다.

이 책에서는 구체적인 사례를 들어, 어떻게 대등한 관계를 실현하면 좋을지에 대해 설명하고 있다. 독자들은 평소 언행을 돌아보며 자신이 대등한 관계를 만들고 있는지, 그렇지 못하다면 어떻게 하면 좋을지 생각해볼 수 있을 것이다.

오늘날 팀원을 힘으로만 지배하려는 리더는 필요 없다. 팀원과 아무것도 논의하지 않고 결정 내리는 리더, 팀원의 말을 전혀 신경 쓰지 않고 자기 할 말만 하는 리더, 미움받는 것을 두려워하지 않는 리더도 필요 없다.

더욱이 리더가 필요한 곳은 회사 같은 조직뿐만이 아니다. 가족이나 친구와의 관계 속에서도 누군가가 리더십을 발휘해야만 하는 순간이 있다. 그래서 좋은 대인 관계를 만들고 싶다고 생각하는 모든 사람이 이 책을 읽었으면 하는 바람이다. 물론 이 책에서 제안하는 것들을 실천하기 어렵다고 느끼는 사람은 많을 것이다. 우선은 할 수 있다고 생각하는 것부터 시작해보자. 대인 관계가 변하기까지 그리 오랜 시간이 걸리지는 않을 것이다. 지금 필요한 것은 그저 용기다.

좋은 리더가 되고 싶은 당신에게

최근 들어 리더라는 자리를 꺼리는 사람이 더 많아진 것 같다. 하지만 누군가가 리더의 역할을 맡지 않으면 조직은 제대로 돌아가지 않을 것이다. 아들러 심리학을 연구해온 철학자 기시미 이치로는 리더로 일하기가 괴롭다, 리더가 되는 것이 무섭다고 말하는 사람들의 마음을 이해한다고 말한다. 리더의 일은 보람 있지만 어려운 것이며, 그 어려움을 알고 있다면 망설이는 것이 자연스럽다. 그는 승진해서 기분 좋다며 해맑게 기뻐하는 사람보다 머뭇거리며 걱정하는 사람이 오히려 좋은 리더가 될 가능성이 높다고 말한다. 이런 생각을 가진 기시미 이치로가 '선생님'의 입장에서, 이제 막 리더가 되었거나 리더라는 자리에서 어찌할 바를 모르는 많은 이들의 고민에 답하며 나눈 대화를 기록해 엮은 것이 바로 이 책이다. 책에는 이런 고민들이 등장한다.

"지금까지 내가 해온 업무에 대해 좋은 평가를 받아 리더가 된 것은 기쁘지만 앞으로 내가 리더의 역할을 잘 해낼 수 있을지 생각하면 불안하다."

"무심코 던진 말과 행동이 팀원에게 상처를 주거나 상사의 갑질이 되어버리면 어쩌나 걱정이 된다."

"책임감이 부족한 MZ 세대 팀원, 고집이 세고 나보다 나이가 많은 팀원, 같은 실수를 반복하는 팀원 등 다양한 모습의 팀원들을 어떻게 대하고, 제각각의 강점을 어떻게 살리면 좋을지 고민된다."

"경영진이 세운 매출과 수익 목표를 달성하기 위해서는 팀원들에게 무리한 일을 강요할 수밖에 없는데, 경영진과 팀원들 사이에 끼여서 괴롭다."

"승진 경쟁에 열을 올리는 상사와 동료들 사이에서 끊임없이 상처받는다."

앞으로 많은 리더가 처하게 될 상황들이지만, 일률적으로 '이렇게 하면 된다!'라는 매뉴얼은 없다. 인간 군상은 아주 다양하기 때문에 그런 다양성을 살리는 것이 앞으로 조직이 나아가야 할 방향이라고 한다면 이런 문제들에 대한 해결 방법은 당연히 구체적이고 각기 다른 형태일 것이다. 다만 거기에도 원리 원칙은 있다고 선생님은 주장한다. 한가지 중요한 전제가 있는데 바로 리더와 팀원은 대등하다는 것이다. 리더와 팀원은 역할이 다를 뿐 인간으로서는 대등하다는 말이다. 팀원과 대등한 관계를 가꾸기 위해 리더는 다음 세 가지 원칙을 지켜야 한다.

첫째, 팀원을 혼내지 않는다.
둘째, 팀원을 칭찬하지 않는다.
셋째, 팀원에게 명령하지 않는다.

이런 주장에 다음과 같은 의문이 드는 사람이 많을 것이다. 정말 혼내지 않고, 칭찬하지 않고, 명령하지 않으면서 리더의 역할을 수행할 수 있을까? 애초에 혼내지 않고, 칭찬하지 않고, 명령하지 않는다면 리더로서 할 일이 뭘까? 리더에게 어떤 역할을 요구하는 걸까? 반대로 그다지 놀랍지 않게 느끼는 사람도 있을 것이다. 선생님의 주장은 이 분야에서 최근 자주 등장하는 '서번트 리더십(servant leadership)'이나 '임파워먼트(empowerment)', '심리적 안정감'이라는 말로 표현되는 리더와 조직의 이상적인 형태와 일치하는 부분이 있다(여기에 대해서는 뒤에서 구체적으로 다룰 예정이다).

실제로 선생님의 조언을 받고 리더로서의 고민과 의문이 어느 정도 해소되었다는 사람이 많다. 그중에는 회사를 세워 조직을 성장시키고 경영자로서 활약하고 있는 사람도 있다. 1부에는 다양한 현장에서 리더의 역할을 맡고 있는 사람들의 고민에 답한 선생님과의 대화를 모았고, 2부에는 기업의 최고경영자로 일하고 있는 세 사람과 선생님의 대담을 담았다.

그 전에 좋은 리더는 되고 싶지만 리더가 되는 것이 두려운 사람들에 대한 선생님의 고찰과 조언을 간단히 정리해보았다.

리더가 되는 것이 두려운 이유

현대 조직에서 리더의 역할은 팀원이 창조성을 발휘하고 일에 보람을 느낄 수 있게끔 좋은 환경을 만드는 것이다.

이런 현대 조직에서 리더가 되고 싶지 않고, 리더인 것이 괴로우며, 리더를 그만두고 싶다고 생각하는 사람이 있다면 크게 나눠 두 가지 이유 중 하나일 가능성이 있다. 첫 번째는 리더가 되기 전부터 일이 괴로웠을 가능성, 두 번째는 리더가 되기 전까지 느꼈던 일의 보람이나 행복을 리더가 되면 잃어버리지 않을까 걱정하는 경우다.

전자의 경우부터 생각해보자. 일을 통해 얻을 수 있는 행복이란 '공헌감'이다. 자신이 누군가에게 도움이 된다고 생각할 때 행복할 수 있다는 것이다. 일에서 느끼는 행복뿐만 아니라 다른 여러 가지 행복도 공헌감에서 탄생한다는 것이 아들러 심리학의 사고방식이다. 일에 있어 공헌감과 행복은 보람과 성취감으로 바꿔 말할 수도 있다. 팀원으로 일하면서 일에 보람을 느끼지 못해 괴롭다면 리더가 되고 싶다는 의욕이 생길 리 없다. 리더의 일은 팀원의 일보다도 분명히 더 어렵기 때문이다. 팀원이 창조성을 발휘할 수 있는 환경을 만드는 일이 팀원으로 일하며 창조성을 발휘하는 일보다 어려운 것은 당연하다. 나아가 리더에게는 어느 때라도 철저하게 이성적인 판단이 요구된다. 하지만 이성적으로 생각해도 답이 나오지 않는 일은 수없이 많다. 정답이 없는 세계에서 이성에 근거한 판단을 내리는 것이 리더의 역할이다. 그 부분에서 잘못된 판단을 했다면 불완전한 자신을 인정하고 뒤로 물러날 수 있는 용기를 가져야 한다. 이것은 정말로 어려운 일로, 큰 책임을 동반한다. 팀원으로 일해도 괴로운데 더 힘든 일에 나선다는 건 말이 안 된다. 월급을 올리지 못하더라도 승진 따위 하고 싶지 않다고 생각하는 사람들이 등장하는 것은 어쩌면 당연한 일일지도 모른다.

두 마리 토끼를 잡을 수는 없는 걸까?

그러나 이렇게 리더가 되기 전부터 일이 괴로우니 리더가 되고 싶지 않다고 생각하는 사람들에게는 오해가 있을지도 모른다. 이들은 인생에는 일보다 소중한 것이 있다고 생각한다. 이를테면 가족이나 연인, 취미 생활 같은 것을 인생에서 일보다 소중한 것으로 여기며 개인적인 행복과 일에서의 행복이 양립하지 못한다고 생각하기 때문에 굳이 힘든 일을 맡으려고 하지 않는 것이다. 물론 일보다도 소중한 것은 있다. 일보다 소중한 것은 사실 '행복'이다. 사람들이 오해하고 있는 지점이 바로 이 부분이다. 일로는 절대 행복해질 수 없다고 생각하는 부분이다. 일 안에서의 행복과 일 밖에서의 행복은 충분히 양립할 수 있다. 다만 그러기 위해서는 일에 대한 사고방식을 완전히 바꿔야만 한다. 대체 일에 대한 사고방식을 어떻게 바꿔야 가능한 것일까?

열쇠는 앞서 소개했던 공헌감에 있다. 이 말은 미국의 경영학자 피터 드러커(Peter Drucker)가 조직에서 성과를 올리는 요점으로 주장한 말이기도 하다. 아들러 심리학을 탐구한 선생님은 개인이 행복해지기 위해서는 공헌에 초점을 맞추라고 주장한다. 아들러 심리학에서는 자신을 가치 없다고 생각하는 사람은 행복해질 수 없다고 말한다. 그리고 사람은 자신이 어떤 형태로든 공헌하고 있다고 느낄 때 자신에게 가치가 있다고 생각한다. 전형적으로 고맙다는 감사 인사를 들을 때 느끼는 기쁨이 그것이다. 내가 도움이 되고 있다는 걸 느낀다면 누구든 행복해질 수 있다는 것이 아들러 심리학의 사고방식이다. 아들러 심리학에 따르면 어떤 가혹한 상황에서도 공헌감은 느낄 수 있다. 그렇기 때문에 아무리 가혹한 상황에 놓이더라도 행복해질 수 있다는 것이다. 다만 지금까지 이야기한 내용은 리더가 자신의 일에서 공헌감을 느끼면 행복해질 수 있다는 것이기 때문에 팀원에게 가혹한 상황에서도 공헌감을 가져야 한다고 강요하는 것은 물론 잘못된 것이다.

진짜 행복은 어디에서 오는 걸까?

심리학자 빅터 프랭클(Viktor Frankl)은 유대인으로 아우슈비츠에 수용되었다가 기적적으로 생환한 체험을 기록한 저서 『빅터 프랭클의 죽음의 수용소에서』에서 이런 에피소드를 소개한다.

아우슈비츠에 수용되어 자살 충동에 사로잡힌 많은 이들에게 프랭클은 정신적인 케어를 시도한다. 그중 좋은 결과를 얻은 사례가 두 가지 있고, 두 사례는 무척 비슷한 부분이 있다. 첫 번째는 사랑하는 아이가 외국에서 자신이 돌아오기만을 기다리고 있는 사람의 사례였고, 두 번째는 어떻게든 완성하고 싶은 책이 있는 연구자의 사례였다. 프랭클은 이 두 사람이 스스로 다른 누군가로 대체될 수 없는 존재라고 느꼈을 것이라고 지적한다. 그래서 두 사람은 죽음을 선택하고 싶어질 정도로 가혹한 상황에서도 미래에 대한 희망을 가질 수 있었다고 고찰한다. 이는 공헌감이 주는 행복의 궁극적인 형태일지도 모르겠다.

그렇다면 일의 이야기로 다시 돌아가 보자. 지금 하고 있는 일이 아무리 어렵더라도 거기에서 공헌감을 느낀다면 우리는 행복해질 수 있다. 실제로 인생에서 가장 많은 시간을 할애하는 일이 그저 고통스럽기만 하다면 인생 자체가 행복할 수 없을 것이다. 일하는 시간의 고통에서 벗어나기 위해 가족과 연인에게서 행복을 추구한다고 해도 본질적인 의미에서는 그것이 진정한 행복이라고 말할 수 없다. 행복하다는 것은 인생의 모든 시간이 행복한 상태라고 선생님은 강조한다.

리더에겐 리더만의 보람이 있다

그렇다면 후자의 경우는 어떨까? 리더가 되기 전에 느꼈던 보람을 리더가 되면 잃어버릴 것 같다고 생각해 리더가 되고 싶지 않은 경우를 생각해보자. 예를 들어 아이들과 직접 교류하는 것을 무척 좋아하는 교사가 교감이나 교장이 되고 싶지 않다고 생각하는 경우 말이다. 혹은 고객과 직접 만나는 것을 좋아하는 레스토랑 직원이 점장이 되고 싶지 않다고 생각하는 경우도 있을 것이다.

실무를 할 때 분명하게 느낄 수 있는 보람이 존재한다. 지금 눈앞에 있는 학생의 미소와 고객의 감사 인사 같은 것에서 얻을 수 있는 공헌감과 행복감은 무엇과도 바꿀 수 없다. 이런 현장에서 느끼는 행복과 비교했을 때 리더가 하는 일이 보람을 느끼기 힘든, 심지어 불행한 일이라고 생각하는 사람들이 있다. 이런 생각에도 오해가 있다. 실무를 할 때 보람과 행복을 느끼는 사람이라면 리더가 되어서도 행복을 느낄 수 있을 것이다.

물론 리더가 되면 해내야 하는 일의 종류가 달라진다. 교사라면 아이를 가르치는 일에서 아이를 가르치는 교사들이 활기차게 창조성을 발휘할 수 있는 환경을 만드는 일로 직무가 바뀐다. 그렇다고 해도 그것이 자신이 하는 일이라는 점은 변함없다. 환경을 만든다는 새로운 일에서 공헌감을 찾아낼 수도 있고 보람과 행복을 느끼는 것도 가능하다. 그것을 어렵게 느끼는 이유는 좋은 롤 모델이 없기 때문이다. 자신이 경험한 리더가 팀원들에게 좋은 환경을 만들어주지 않았고 심지어 그 리더가 갑질까지 했다면 리더가 되는 것에서 보람을 찾을 수는 없을 것이다.

하지만 정말로 리더는 다 그랬을까? 그렇지 않은 리더도 있지 않았을까? 당신에게 존경할 만한 리더는 누구였는가? 떠오르는 사람이 한 명도 없는가? 그래도 팀원이었던 당신을 언제든 바꿔 낄 수 있는 부속품이 아닌, 누구와도 바꿀 수 없는 개인으로 인정해주고 그 가능성을 충분히 발휘할 수 있도록 도와준 리더가 한두 사람쯤은 떠오를 것이다. 그런 리더들이 환경을 정비해주었기 때문에 비로소 당신이 현장에서 행복을 느낄 수 있었던 것이다.

그렇게 생각해보면 이번에는 당신이 그 역할을 받아들이는 것이 운명이며 필연일지도 모른다. 리더의 일이 어렵다는 것을 이해하면서도 이런 생각에 이른 사람이 그 역할을 받아들인다면 좋은 리더가 될 가능성이 크다. 갑질을 일삼는 리더와는 다른, 좋은 리더상을 모색하여 새로운 롤 모델을 제시하는 것 또한 자신의 역할이라고 생각하며 리더의 일에 임해주기를 바란다고 선생님은 당부했다. 행복의 본래 의미를 곱씹을 때 리더도 비로소 행복해질 수 있다.

물론 지나친 이상론이라고 생각할지도 모르겠다. 실제로 선생님의 그런 주장을 듣고 '철학자니까 할 수 있는 생각 아닌가?'라며 불신하던 한 리더가 선생님을 방문하는 순간부터 이 책은 시작된다.

1부   시작하는 리더와의 대화

어느 날 갑자기 리더가 되었다 | 태도 |

카리스마 있는 리더가 되고 싶었다 | 관계 |

언제나 가장 어려운 건 사람이다 | 가치 |

2부   성공한 리더와의 대화

동료들과 어떻게 함께할 것인가 | 협력 |

불완전할 용기를 가져라 | 신뢰 |

세계는 나선형으로 발전한다 ┃용기┃

1부

시작하는 리더와의 대화

그는 당황스러웠다. 당황스러우면서도 마음이 들뜨는 것을 어찌할 수 없었다. 그러나 또 미래를 생각하면 그저 불안하기만 했다. 그는 오늘 승진 통보를 받았다. 다음 달부터 십여 명 남짓의 인원으로 구성된 부서의 과장으로 승진하게 된다. 지금까지 동료로 함께해온 사람들의 상사가 되어 지시를 내려야 한다. 모두에게 과장님이라고 불리게 될 생각을 하니 낯간지럽기도 하고 뿌듯하기도 했다. 동료들의 얼굴을 한 명씩 떠올리면서 그 사람이 과연 정말로 나를 상사로서 존중해줄지 어떨지 차례차례 생각해보니 그는 점점 더 불안해졌다.

승진이 늦은 편이었다. 입사 동기 수십 명 가운데 아마도 열 몇 번째 아니면 스물 몇 번째일 것이다. 다시 말해 실력은 중간에서 아래 정도일지도 모른다. 지금은 동기들과 얼굴을 마주하는 일도 거의 없어서 정확한 숫자는 모르지만, 자신의 승진이 비교적 늦었다는 것만은 틀림없었다. 좀처럼 승진하지 못하는 상황이 신경 쓰이지 않았던 것은 아니다. 하지만 신경 쓰지 않는 것처럼 행동해왔다. 자존심 때문이었다.

몇 년 전, 그는 같은 부서에서 그보다 어린 후배가 과장으로 승진하는 상황을 마주한 적이 있다. 그는 가슴이 벌렁거렸다. 놀라움도, 질투도 아니었다. 마음속에 추악한 얼굴을 한 귀신이 나타나 술렁이며 꿈틀거리는 감각이었다. 그 신기하고 불쾌한 감각은 그 이후로도 때때로 되살아났고, 지금도 생생히 기억하고 있다. 그 후배와 일 자체에서의 역량은 비슷했다. 하지만 다음 과장으로 위에서 선택한 사람은 후배였다. 그에게는 무엇이 부족했을까? 그는 본래 인간관계 맺는 것이 서투른 사람이다. 게다가 취업 준비생 시절에는 고생하면서 마음에 병까지 생겼다. 그때 대학 은사로부터 철학 연구자 동료라는 카운슬러를 소개받았고, 그 후 그 선생님께 카운슬링을 받으면서 취업에 도전하여 겨우 합격한 곳이 지금의 회사다.

먼저 승진한 후배는 상사의 환심을 사는 재주가 있었다. 상사와 함께 골프를 치러 가기도 했고 흡연실에서 잡담하기도 했다. 후배는 그런 소소한 대화 속에서 회사 사람들이 안고 있는 문제나 자신의 고민을 상사에게 보고하고 상담해가며 교묘하게 길을 닦고 있었다. 그런 후배를 믿고 기대는 젊은 직원들도 있었다. 골프도 치지 않고 담배도 피지 않는 그는 결코 가질 수 없는 재능이었다. 설령 그가 골프와 담배를 즐긴다고 해도 후배처럼 행동하지는 못했을 것이다. 그 점에 있어서 그는 후배에게 존경심을 품는 동시에 어딘가 후배가 교활하다고 느끼기도 했다. 하지만 그런 후배를 교활하다고 느끼는 스스로가 싫어서 마음이 어수선하기도 했다.

"아이 문제도 있었으니까." 승진 통보를 받고 집으로 돌아가는 밤길을 어슬렁어슬렁 걸으면서 그가 중얼거렸다. 그의 하나뿐인 아들이 초등학교에 입학한 지 얼마 안 되었을 때 교내 괴롭힘을 당했다. 그의 아들은 하고 싶은 말이 있으면 분위기를 파악하지 않고 말해버리는 스타일이었고, 그런 아들의 말 한마디 한마디가 같은 반 친구들은 마음에 들지 않았던 모양이다. 친구들에게 따돌림을 당하기도 했고, 등교했을 때 책상 위에 악담이 쓰여 있기도 했다는 사실을 그는 나중에야 알게 되었다.

그와 아내는 아이가 사회의 상식과 규범에 사로잡히지 않고 자유롭게 생각할 수 있길 바랐을 뿐인데 그런 탓에 아이가 학교에 잘 적응하지 못했을 수도 있다는 생각이 들어 미안했다. 지기 싫어하는 그의 아들은 한동안 꿋꿋하게 학교를 다녔지만 결국 등교를 거부하게 되었다. 집에 틀어박혀 지낸 지 얼마가 지나자 아이는 인생에서 처음으로 느낀 불합리에 대한 분노를 부모에게 격렬하게 표현하기 시작했다. 그 후 그는 아들과 수없이 싸우며 '마음의 상처' 몇 개가 남았다. '오랜만에 선생님을 만나볼까?' 그는 문득 이런 생각이 들었다. 그래서 취업 준비생 시절에 카운슬링을 받았던 선생님을 다시 찾았다. 한동안 아들과 함께 카운슬링을 받으며 그는 물론 아들도 변화하여 이제는 학교생활을 나름대로 즐기고 있다.

하지만 그는 여전히 서툴렀다. 아들과 정면으로 마주한 몇 년 동안은 아들에 대한 고민만으로도 버거워 이전만큼 일에 열정적으로 임할 여유가 없었다. 무엇보다도 일에 할애할 절대적인 시간이 부족했다. 그는 야근이 비교적 적은 부서로 이동을 희망했다. 그 일이 승진이 늦어진 것과 아무런 관계가 없을 리 없었다. 그러나 그는 딱히 승진하고 싶다고 생각하지 않았다. 세 가족이 행복하게 생활할 만큼의

벌이를 할 수 있고 나름대로 긍지를 느낄 수만 있으면 충분하다고 생각했다. 특히 아들 문제가 해결된 최근 몇 년은 그렇게 생각하며 일해왔다. 일에 할애할 시간과 에너지를 되찾은 그의 실적은 조심스럽게 말해서 나쁘지는 않았고, 부서에서 톱이었을지도 모른다. 하지만 그는 여전히 인간관계가 어려웠고, 더구나 윗사람의 비위를 맞추는 일에는 재능이 없었을 뿐만 아니라 그렇게 하고 싶지도 않았다. 지금 이대로 승진 같은 것은 하지 않아도 괜찮다고 생각했다. 그렇게 생각하던 차에 과장 승진 통보를 받았던 것이다. 그는 통보를 받고 자신의 가슴이 뛰었다는 사실이 무엇보다 놀라웠다. 하지만 곧 '인간관계가 서투른 내가 과장의 일을 잘 해낼 수 있을까? 내가 과장이 되어서 오히려 동료들에게 폐를 끼치는 것은 아닐까?' 하는 고민이 끝없이 이어지기 시작했다.

그는 선생님을 만나러 가야겠다고 생각했다. 그가 마지막으로 카운슬링을 받은 후 선생님을 둘러싼 환경은 크게 변화했다. 한 저서가 세계적인 베스트셀러가 되었고, 강연 의뢰도 전 세계에서 들어온다고 했다. 선생님은 최근 새로운 리더십 이론을 제안했는데, '민주적 리더십'이라고 이름

붙였다. 선생님이 리더십을 주제로 강조한 내용은 이렇다.

첫째, 리더와 팀원은 대등하다.
둘째, 팀원을 혼내지 않는다.
셋째, 팀원을 칭찬하지 않는다.
넷째, 팀원에게 명령하지 않는다.

그는 이것이 굉장히 도전적이라고 생각했다. 팀원에게 명령하지 않고, 팀원을 혼내지도 칭찬하지도 않으면서 과장의 일을 해낼 수 있을까? 놀라웠다. 철학자의 지나친 이상론이 아닐까 하는 의심이 드는 한편 끌리는 부분도 있었다. 리더와 팀원은 역할이 다를 뿐 인간으로서 대등하다는 말이 그의 가슴에 와닿았다. 그렇게 되고 싶다고 생각했다.

선생님의 도움을 받아 아들과 정면으로 마주하면서 그는 아이를 한 사람의 인간으로 인정하고 대등한 인간으로 마주하여 대화한다는 것이 얼마나 중요한지 통감했다. 생각의 변화는 그와 아이의 관계를 극적으로 바꿔주었다. 그저 아이를 대등한 인간으로서 대해준 것만으로 많은 것이 바뀌었다. 그는 팀원과의 관계에서도 자신이 좋은 리더가 될 수 있을지도 모르겠다는 생각이 들었다. 지금이야말로 선생님을 만나러 가야 할 때였다!

　그리고 한 달 후, 그는 오랜만에 선생님의 자택을 방문하
게 되었다.

어느 날 갑자기 리더가 되었다

태도

어떻게 해야 할지 몰라 막막한 리더에게

리더 　선생님, 오랜만에 뵙습니다.

선생님 　오랜만입니다, 잘 지내셨어요? 자녀분은 어떻게
　　　　지내나요?

리더 　덕분에 그 이후로 어떻게 등교는 하고 있어요. 벌
　　　　써 중학생이랍니다. 그때 철없던 저를 상담해주셔
　　　　서 정말로 감사합니다. 아이가 성미가 사나운 부분
　　　　이 있어서요…. 당시 저는 그 사나운 부분을 무조

건 억누르려고만 했던 것 같아요. 하지만 선생님께서 '아이와 부모는 대등한 인간이다'라고 가르쳐주신 덕분에 아이와의 관계가 조금씩이기는 하지만 확실히 변했다고 느끼고 있습니다. 그래도 역시 부모의 나쁜 버릇인 위압적인 태도를 보일 때가 있어서 아이가 화를 내기도 하지만요. 그건 그렇고 오늘은 일에 대한 고민을 상담하고 싶어서 찾아왔습니다.

선생님　무슨 고민인가요?

리더　생각도 못하게 승진하게 되었어요. 아시다시피 제가 일은 좋아하지만 승진에는 관심이 없었거든요. 리더가 되면 많은 팀원을 이끌어야 합니다. 저는 낯을 가리는 편이라 인간관계가 서툴기도 해서 솔직히 잘할 수 있을지 자신이 없어요.

선생님　그렇군요. 하지만 자신감 있는 상사는 오히려 골칫거리라고 생각합니다.

리더　네? 왜죠? 뛰어난 상사라고 하면 카리스마 있고, 신속하게 지시를 내리고, 팀원들을 거침없이 이끄는 사람이라는 이미지가 있잖아요.

선생님　자신감 있는 사람은 독선적이기 때문이에요. 타인의 의견, 팀원들의 의견을 듣지 않고 자신이 말하는 것과 하고자 하는 것이 절대적으로 옳다고 생각해버리죠. 자신감이 없는 것 자체가 반드시 '좋다'라고는 말할 수 없지만, 자신의 판단이 절대적이지 않을지도 모른다고 생각하며 항상 되돌아볼 수 있는 리더가 그렇지 않은 리더보다 훌륭한 리더가 될 수 있다고 생각해요.

리더　정말요? 저는 잘 모르겠습니다. 상사인 제가 자신감이 없으면 팀원들이 믿음직스럽지 못하다고 생각해서 따라와주지 않을 것 같아요. 저라도 자신감 없는 상사는 사절하고 싶거든요. 역시 리더는 리더가 되고 싶다는 야망이나 의욕이 있는 사람이 올라야 할 자리라는 생각이 듭니다. 저처럼 팀을 이끌 각오도 없는 사람이 어중간한 태도로 리더가 된다면 팀원들도 곤란할 것 같아요.

선생님　좀 전에 말씀하신 것처럼 모두가 리더가 되고 싶다고 생각해서 리더가 되는 것은 아닙니다. 리더를 하고 싶지 않더라도 받아들일 수밖에 없는 상황은 많아요.

리더　슬프지만 정말 그런 것 같아요. 리더 따위 되고 싶지 않다고 생각하는 사람은 저 한 명만이 아닌 것 같더라고요. 요즘 젊은이들은 대부분 그런 것 같아요. 저도 과장으로 승진된다는 통보를 받고 잠깐 기쁘기도 했지만, 잘 생각해보면 책임이 늘어나는 것에 비해서는 월급도 많이 오르지 않거든요. 임원이나 부장에게 해결하기 어려운 문제를 지시받아 팀원과의 사이에서 샌드위치처럼 끼여 괴로워하는 동기의 모습도 본 적이 있습니다. 그러니 지금은 어쩐지 기분이 복잡해요.

선생님 고대 로마제국의 황제 마르쿠스 아우렐리우스 (Marcus Aurelius)를 아시나요?

리더 네, 이름 정도는 알 것 같습니다. 로마제국의 전성기를 구축한 가장 유능했던 다섯 명의 황제 중 한 명이죠.

선생님 그는 철학자로 살아가기를 원했지만 황제로 태어난 것을 자신의 운명으로 받아들여 황제의 일에 전력을 다해 임했어요. 만약 아우렐리우스가 처음부터 아무런 고민 없이 황제가 되었다면 그가 통치하던 시대는 전혀 달라졌을지도 모릅니다. 그렇기 때문에 저는 여러 가지 고민을 한 끝에 리더의 역할을 받아들인다면 누구든 훌륭한 리더가 될 수 있다고 생각해요.

리더 리더가 되고 싶지 않더라도 받아들일 수밖에 없는 때가 있는 거군요. 운명을 받아들이라고 말하고 싶으신 거죠? 하지만 지금 시기에 리더가 되면 정말로 힘들어집니다. 앞에서 한 말과 모순될지도 모르겠는데요. 조직의 통폐합이 진행되어서 자리가 한정되어 있는 가운데 어떤 수단을 써서라도 출세하고 싶다고 생각하는 사람도 있거든요. 그런 사람의 시샘으로 험담을 듣고 괴롭힘을 당하기도 해요. 음, 실제로 그래요. 바로 어제 알게 된 일인데, 제가 과장 승진 통보를 받았다는 소식을 듣고 아직 과장이 되지 못한 동기가 근거도 없는 소문을 우리 팀원에게 흘렸어요. 선생님도 잘 아시겠지만, 제가 아이 일로 고민할 때 야근이 적은 부서를 희망해서 이동했잖아요. 그걸 두고 제가 워라밸을 추구하는 유형이라 귀찮은 일은 전부 다른 사람에게 맡겨버리고 제멋대로 구는 사람이라는 소문을 냈더라고요. 더 용서하기 힘든 건 제 아이가 여전히 불안정해서 난폭하다고 하니 지금도 일에 신경을 쓰지 못할 것이고, 그런 사람을 과장으로 승진시킨 경영진이 이해가 안 된다는 식의 말까지 했다는 거예요! 그 말을 듣고 솔직히 많이 위축되었어요. 아시다시피 제가 그다지 멘털이 강한 편이 아니니까요. 그래도 이제 과장이 되었으니 이런 모습을 팀원들에게 보여줄 수는 없겠죠. 하지만 실제로는 상당히 괴롭습니다.

선생님 제 생각에 리더가 되고 싶다고 생각해서 리더가 되는 사람 중에는 그다지 좋은 리더가 없다고 생각해요. 바닥에 납작 엎드려 절을 해서라도 정치인이 되고 싶다고 생각해 정치인이 된 사람이 과연 좋은 정치를 할 수 있을까요? 비굴하게 몸을 한껏 낮춰서라도 승진하고 싶다고 생각하는 사람이 좋은 리더가 될 수 있을까요? 많은 사람에게서 꼭 정치인이 되어주길 바란다, 부디 리더가 되어줬으면 한다고 요청받아도 스스로 리더에 어울리지 않는 것 같아 망설이다가 마침내 이 일을 운명이라고 받아들이는 사람만이 좋은 리더가 될 수 있다고 생각해요. 그러니 자신감이 없다고 해서 괴로워할 필요는 전혀 없습니다.

리더　하지만 회사에는 승진하고 싶다고 생각하는 사람이 의외로 많고, 승진을 위해서라면 자신의 가치관을 버리면서까지 상사가 하는 말을 따르려고 하는 사람들의 모습을 저는 봐왔어요. 그야말로 바닥에 납작하게 엎드려 절을 해서라도 상사의 환심을 사려는 사람이 실제로 있습니다. 하지만 저는 그런 행동은 진심에서 나오는 것이 아니라고 생각하고, 진심이 담기지 않은 행동을 하는 것이 괴로워요. 그렇다 보니 리더가 되어 팀을 이끌 자신도 없습니다. 최근 젊은 사람들이 리더가 되고 싶어 하지 않는 것도 그런 우리 윗세대의 모습을 봐왔기 때문이겠죠. 그런데 또 한편으로 선생님 말씀을 들어보니 이런 제가 리더가 됐을 때 어쩌면 팀과 회사를 조금은 좋은 쪽으로 바꿀 수 있을지도 모르겠습니다. 물론 여전히 고민되는 부분은 많지만요.

선생님　무리를 하면서까지 승진하고 싶지 않다고 소리 내어 말하면, 역시 조직 안에서 알력이라고 할까요, 마찰이 발생하겠지만, 그렇다고 해도 그렇게 생각하는 사람들이 많아져야 한다고 생각합니다. 요즘 젊은 사람들은 취직할 때 자신이 다양한 컴퓨

터 프로그램을 능숙하게 잘 다룬다는 것을 어필하
려고 애씁니다. 하지만 그런 식으로 자신의 능력을
내세워 취업을 하더라도 바로 버림받는다는 것을
그들은 잘 모르죠. 자신이 다양한 컴퓨터 프로그램
을 능숙하게 잘 다룬다고 어필하는 사람은 자신의
가치관을 버리고서라도 승진하고 싶다고 말하는
사람과 다르지 않다고 생각합니다.

리더   "나는 그런 리더가 되지 않겠다!"라고 말하는 리더
가 등장한다면 젊은 사람들도 변해갈 것이라는 말
이군요. 그렇네요…. 음, 저도 일을 좋아하는지 싫
어하는지 묻는다면, 좋아하는 쪽입니다. 그래서 회
사는 물론 저희 팀에도 여러 가지 과제가 있다고
생각하고, 그 과제를 해결하고 싶고 더 좋은 팀으
로 만들고 싶은 마음도 있어요. 제가 지금까지 봐
온 상사 중에는 팀원의 인격과 일하는 방식을 전
부 부정하면서 자신이 말하는 대로만 따르라는 사
람들이 많았습니다. 팀원에게 무리한 목표를 설정
해줘서 몸도 마음도 소모되게 만드는 상사도 봤어
요. 그런 상사가 모든 것을 부정했던 팀원들에게
는 제각각 장점이 있었습니다. 물론 완벽한 사람은

아니었을지 몰라도 그 사람의 강점과 잘하는 부분을 좀 더 봐주고, 그렇게 팀원에게 동기를 부여해서 의욕을 끌어내고 좋은 결과도 낼 수 있는 조직을 만들고 싶다고 과거의 상사들을 보며 제 나름의 생각을 정리하게 되었습니다. 제가 리더가 되면 지금의 팀을 더 좋은 팀으로 만들기 위해 하고 싶은 것이 많아요. 조직 안에서 지금까지 빛을 보지 못했던 팀원들의 능력을 끌어내주고 싶습니다. 그것을 어떻게 실행에 옮길지, 성과를 올릴 것인지 묻는다면 아직 자신감은 없지만요.

선생님　잘하는 부분을 좀 더 봐주고 싶고 팀원의 능력을 끌어내주고 싶다고 말씀하셨는데요. 이 말은 상하관계를 전제로 한 표현입니다. 상대를 자신과 대등하게 생각하는 사람의 표현은 아닙니다.

리더　아, 그렇네요! 팀원과 제가 대등하다는 것을 머리로는 이해하고 있어도 어려운 것이군요. 당신의 강점을 봐주고 싶다고 상사인 제가 선의로 말하더라도 그 말을 듣는 팀원의 입장에서는 '저 고자세는 뭐지?'라고 생각할지도 모르겠네요. 실제로 제가 그런 말을 들었다면 그렇게 느낄 것 같아요. 아마도 무의식적으로 그렇게 느끼는 것이겠지만요.

선생님 그러나 좀 전에 말씀하셨던 생각들을 가지고 좋은 리더가 되려고 노력한다면 팀은 반드시 변할 겁니다. 그리고 그런 리더가 늘어나면 세상 전체가 변하겠죠. 최근 코로나 사태로 사업을 축소하는 회사가 많습니다. 제가 아는 분도 근무하는 회사에서 오사카 지사를 없앴다고 해요. 지금까지 오사카에서 하던 모든 일을 전면적으로 도쿄로 이관하게 되었고, 그래서 회사를 그만뒀다는 내용의 메일을 며칠 전에 받았습니다. 앞으로 남은 인생 동안에는 회사에서 근무하던 때는 하지 못했던 일을 하고 싶다고도 했습니다. 시골에서 농사를 지으며 공부하는 생활을 하겠다더군요. 정년퇴직할 나이는 아직 멀었지만 자신을 둘러싼 상황의 변화에 따라 어쩔 수 없이 자신의 인생도 변해가는 것 같다고 말했습니다. 자신이 그동안 무엇을 위해 살았는지를 생각하다가, 일하기 위해 사는 것은 답이 아니라는 사실을 깨달았다고 합니다. 물론 일하기 위해 사는 삶이 나쁜 것은 아니지만, 행복하지 않다면 일하는 의미도 없다고 생각합니다. 저는 15년

전쯤 심근경색으로 쓰러진 후 매일 '와파린'이라는, 혈액이 응고되지 않도록 하는 약을 먹고 있습니다. 처음에 의사로부터 죽을 때까지 매일 이 약을 먹어야 한다는 말을 들었을 때는 조금, 아니 상당히 충격을 받았습니다. 물론 그 약을 먹지 않는다고 바로 죽는 것은 아니지만, 살아가는 동안에는 계속 약을 먹어야 하는 신세가 되었죠. 그렇다고 해서 제가 약을 먹기 위해 살아 있는 것은 아닙니다. 건강하게 살기 위해 약을 먹는 것이죠. 다시 말해 행복하기 위해 살아 있는 것이지 약을 먹기 위해 살아 있는 것은 아니라는 말입니다.

리더   "일하기 위해 사는 것은 아니다. 행복해지는 것이 중요하다." 지금 하신 말씀은 마음을 울리네요. 저를 포함한 많은 사람이 그걸 잊고 살아가고 있다고 생각합니다. 돈을 벌지 않으면 살 수 없으니까 일은 어쩔 수 없는 거라고 생각하면서, 자신을 억누르고 상사에게 맞춰가며 어떻게든 일하고 있죠. 지금까지 제가 소속되어 있던 조직에서는 같은 팀에서 일하는 팀원의 대부분이 그다지 행복하지 않았어요. 자신의 신념과 소중한 가치관을 굽혀서라도 수단을 가리지 않고 결과를 내라거나 우리에게 이득이라면 거래처를 속여도 괜찮다는 분위기마저 있었습니다. 한편으로는 그런 리더를 따르고 싶지 않다고 생각하면서도 겉으로는 복종하는 척하면서 일을 해왔어요. 행복과는 상당히 거리가 먼 회사 생활이었다고 생각해요.

선생님 일하기 위해 사는 것이 아니라 행복하기 위해 일하는 것입니다. 일을 하고는 있지만 괴롭다거나 일을 하고는 있지만 사는 보람을 조금도 느낄 수 없다거나 조금도 행복하지 않다는 생각이 든다면 그것은 일하는 방식을 개선할 필요가 있다는 의미입니다. 회사의 리더가 지독한 워커홀릭이어서 저 사람은 무엇에 보람을 느끼며 살아가고 있을지, 그저 괴로운 것은 아닐지 하는 생각이 든다면 팀원의 마음은 어떨까요? 그런 리더를 진심으로 따르고 싶다고는 아무도 생각하지 않을 것입니다. 반대로 '이 사람은 어째서 늘 즐거워 보이는 걸까? 정말 행복해 보여'라고 느껴지는 리더가 되어야만 한다고 생각합니다.

리더 그렇군요. 정곡을 찔린 것 같아요. 사실은 저도 꽤 워커홀릭이거든요. 스스로는 즐겁게 일을 하고 있기 때문에 아무 문제가 없다고 생각했지만 가만 생각해보면 주변에서는 그렇게 보지 않을지도 모르겠습니다. 움찔했습니다.

혼내지도 칭찬하지도 않는 리더

리더　예전에 선생님께서 아이를 대하는 방식에 대해 조언해주셨을 때 아이를 혼내지도, 칭찬하지도 말라고 하셨습니다. 리더와 팀원의 관계에서도 적용되는 조언인가요?

선생님　네, 그렇습니다.

리더　부모와 자녀가 대등한 인간이라는 것을 선생님께 배우고, 그 생각을 이해하고 받아들인 후에 아이와의 관계가 개선되었어요. 리더와 팀원의 관계도 마찬가지군요.

선생님　팀원을 힘으로 이끌지 않고 대등하게 대하며 말로 협력 관계를 구축하는 것을 목표로 삼는 것이 리더가 추구해야 할 모습이라고 생각합니다. '민주적 리더십'이라고 불러도 좋겠죠.

리더 하지만 혼내는 것과 화내는 것이 다르다는 의견도 있습니다. 감정을 담아 화를 내서는 안 되지만 혼내는 것은 상사로서 해야 하는 일이 아닌가요? 지금은 자칫하면 '갑질'이라는 소리를 듣기 때문에 저도 물론 조심스러운 부분이 있습니다. 그래도 팀원이 잘못했을 때는 분명하게 혼내지 않으면 잘못을 바로잡지 못하고 같은 실수를 반복할 가능성이 있습니다. 그러니 혼내는 편이 좋지 않을까요?

선생님 저는 팀원을 혼내는 것 자체가 틀렸다고 생각합니다. 애초에 화를 내는 것과 혼내는 것은 구별할 수가 없어요. 인간은 그렇게 요령이 좋지 않습니다. 혼내고 있을 때는 반드시 화의 감정이 동반된다고 생각합니다. 그렇기 때문에 혼내는 것과 화내는 것은 다르지 않습니다. 무엇보다 화를 대신할 방식을 배우는 것이 중요해요. 최근에는 갑질이라는 말이 일반적으로 많이 쓰여서 이전만큼 팀원을 혼내는 사람은 적어졌습니다. 그래도 좀 전에 말씀하신 것처럼 혼내는 것이 필요하다고 생각하는 사람은 여전히 많습니다. 그러나 저는 혼내는 것은 정말 필요하지 않다고 생각해요. 개선을 요구해야만 하는 상황이라면 말로 전달하면 충분합니다. 그때도 바로 효과가 나타나길 바라서는 안 됩니다. 시간과 수고를 들여 말해야만 합니다. 급한 일이라면 바로 바로잡아야 하겠지만 그런 때라도 말로 하면 되지 감정적으로 행동할 필요는 전혀 없어요.

리더 하지만 인간이기 때문에 나도 모르게 욱할 때가 있어요. 그것도 안 되는 건가요? 선생님이 말씀하시는 것이 머리로는 이해되지만, 막상 실천하려고 하면 스트레스가 점점 쌓일 것 같아요. 그렇게 되면 그것도 건강하지 않은 것이니 행복하기 위해 일한다는 선생님의 주장에 반하는 것 같습니다. 도대체 어떻게 하면 좋을까요?

선생님 자녀분의 일로 상담 오셨을 때 알프레트 아들러의 이야기를 많이 했었죠. 아들러는 지그문트 프로이트(Sigmund Freud)와 함께 심리학을 연구하다 결별한 후 독자적으로 '개인 심리학'을 구축한 인물입니다.

리더 네, 그리스 철학과 함께 선생님이 오랫동안 연구해온 아들러 심리학 말씀이죠? 저도 선생님께 아들러 심리학을 배운 후 깨달은 점이 많습니다.

선생님 아들러는 자신도 모르게 욱한다는 심리를 인정하지 않습니다. 평소에는 온화한 사람이기 때문에 결코 나를 잃고 감정적으로 행동하지 않을 것이라고 말하고 싶겠지만 그건 잘못된 생각이에요. 인간에게는 자신이 놓인 상황을 순간적으로 판단하는 힘이 있어요. 예를 들어 카페에서 직원이 자신의 비싼 옷에 커피를 쏟는 바람에 자신도 모르게 욱해서 카페 전체에 울릴 정도로 큰 목소리로 화를 냈다고 합시다. 그것은 순간적으로 이 상황에서는 감정적인 편이 나에게 이득이다, 사과를 받기 위해서는 화를 내는 편이 좋겠다고 판단하여 스스로가 화의 감정을 만들어낸 것일 뿐이에요. 하지만 그런 화의 감정을 만들어내 팀원을 혼내더라도 팀원은 반발할 뿐입니다. 팀원도 자신이 하고 있는 일에 대해 옳고 그른 정도는 알기 때문에 '저런 식으로 말하지 않아도 될 텐데'라고 생각하겠죠. 행동을 개선하려던 것이 오히려 역효과를 일으켜 서로 사이가 나빠지고, 팀원은 상사가 하는 말을 더욱더 듣지 않게 될 것입니다.

리더   아, '그런 말 하지 않아도 다 알고 있다고!'라는 까 칠한 마음은 저도 젊었을 때 느낀 적이 있습니다. 아이도 자주 "그런 건 나도 알고 있다고!"라며 화 를 내죠. 어느 정도 이해가 되었습니다. 그렇다면 다음으로, 칭찬해서는 안 된다는 선생님의 주장을 혼내서는 안 된다는 주장 이상으로 당혹스럽게 느 끼는 사람도 많을 것 같아요. 무엇보다 우리는 칭 찬으로 성장한다는 말을 들어온 세대이고, 회사의 젊은 직원들은 농담 반 진담 반으로 "저는 칭찬받 으면 성장하는 타입입니다" 같은 말을 하기도 합 니다. 노골적으로 좀 더 칭찬해달라고 말하는 직원 들도 있어요. 저도 최선을 다해서 성과를 내 상사 에게 칭찬받으면 기쁠 것 같아요. 그런데도 선생님 은 칭찬해서는 안 된다고 주장하십니다.

선생님   칭찬의 문제점은 두 가지입니다. 하나는 칭찬받기 위해 최선을 다하는 사람이 등장한다는 것이에요. 상사에게 칭찬받는 사람들은 무의식적으로 상사 에게 칭찬받는 일만을 하려고 합니다. 반대로, 칭 찬받지 못하는 일은 아무것도 하지 않습니다. 칭찬해주는 사람이 없으면 자신의 판단으로 움직이지 않게 되는데, 이런 상황이 되면 자녀를 교육할 때도, 팀원을 대할 때도 곤란해집니다.

리더 주체성이 결여된다는 말인가요? 확실히 칭찬 자체가 목적이 되면 스스로 성장하기 위해 행동해야겠다는 생각은 작아질지도 모르겠네요. 다시 말해 더 높은 수준의 일을 하려고 하지 않는다는 것은 문제가 되겠네요. 그래도 팀원을 칭찬하지 않으면 저 상사는 나의 업무 실적을 제대로 봐주지 않는다거나 나는 정당한 평가를 받지 못했다는 식으로 생각하는 팀원들의 반발을 받을 것 같습니다. 아니, 실제로 그런 압력을 받는 일은 자주 있어요. 그래도 정말로 괜찮을까요?

선생님 좀 전에 칭찬에는 두 가지 문제점이 있다고 말했죠. 또 한 가지 문제점은 더욱 중요한데요, 칭찬이 작동하는 원리를 살펴봐야 합니다. 칭찬은 상하 관계성에서 나옵니다. 윗사람이 아랫사람에게 하는 평가의 말이 바로 칭찬입니다. 예를 들어 카운슬링에 동행한 어린아이가 부모의 카운슬링 시간에 얌전히 있었다면 이를 칭찬하는 부모가 있을 것입니다. 하지만 남편의 카운슬링에 동행한 아내에게 얌전히 있었다고 칭찬을 하지는 않겠죠. 이것은 아이와 어른을 대등하게 보지 않기 때문에 벌어지는 일입니다. 아이 입장에서는 칭찬하는 말이 전혀 기쁘지 않을 겁니다.

리더 대등한 관계가 아니기 때문에 칭찬하는 것이 가능하다는 말씀이군요. 리더와 팀원은 대등해야 한다는 것이 선생님의 생각이었죠. 그 부분에는 저도 공감합니다. 하지만 팀의 의사결정에 있어서는 제가 리더인 이상 팀원이 제가 말한 것을 제대로 실행해주기를 바라는 것이 본심입니다. 어설프게 대등한 관계를 유지하려고 한다면 반발하는 팀원 때문에 더 혼란스러워질 것 같아요. 그래도 역시 대등한 관계를 만들어야만 하나요?

선생님 네. 리더와 팀원은 역할이 다를 뿐 인간으로서 대등하다는 것을 전제로 대인 관계를 만들어가야만 합니다. 혼내는 것과 칭찬하는 것은 상하 관계에서 가능한 일이기 때문에 그런 관계를 만드는 것은 바람직하지 않다고 생각해요. 팀원의 입장에서는 상사와 자신이 대등한 관계라는 확신이 들 때 비로소 어떤 것이라도 상사에게 솔직히 말할 수 있습니다. 실패했을 때도 숨기지 않고 앞으로 어떻게 하면 좋을지 상사에게 상담할 수 있어요. 반대로 말하자면, 대등한 관계를 맺지 못했을 때는 혼나지 않기 위해 실패를 숨기게 될지도 모릅니다.

리더   아, 알겠습니다. 그렇게 혼자서 문제를 끌어안아 버리는 사람이 회사에서는 가장 곤란해요.

선생님   그렇죠?

리더   결과적으로 리더와 팀원이 대등한 관계일 때 성과를 올리기가 쉽겠군요. 그래서 혼내지도 칭찬하지도 않는 것이 좋은 거네요.

감정을 부풀리지 않는 방법

리더   하지만 선생님, 저는 여전히 잘 모르겠는 부분이 있습니다.

선생님   어떤 부분이 이해가 안 되나요?

리더   뭐라고 하면 좋을지…. 예를 들어 혼낸다는 것이 어디서부터 어디까지의 범위를 가리키는 것인지가 의문입니다. '혼내다'의 정의라고 해야 할까요? 저는 리더가 되기 전에도 후배를 거의 혼내지 않았습니다. 무조건 혼내도 당연히 효과는 없을 것이라는 합리적인 판단을 바탕으로 주의하고 있었습니다. 하지만 뭐랄까, 강요라고 해야 할까요? 저의 생각을 후배에게 강요하는 것처럼 느껴지는 상황은 있습니다.

선생님 　어떤 때인가요?

리더 　후배를 보며 '어째서 이런 것도 모르는 걸까?'라는 생각이 드는 순간이 아무래도 있어요. 그게 말이나 행동으로 드러나버린다고 해야 할까요? 혼낼 생각은 아니었는데 상대는 혼났다고 느낄지도 모르겠다고 생각한 순간들이 있었습니다.

선생님 　그런 일은 종종 일어나죠.

리더 　어제도 이런 일이 있었어요. 후배에게 서둘러서 처리해달라고 말하며 간단한 일을 부탁했습니다. 몇 분이면 해결될 일이었어요. 그런데 몇 시간이 지나도 아무런 소식이 없었습니다. 결국 기다리다 지쳐서 후배에게 어떻게 된 것인지 물어보자 계속 다른 일을 하고 있었다는 겁니다. 후배는 "이 일을 끝내고 바로 말씀하신 일에 착수할 생각이었습니다"라고 말했지만, 그 후배가 하고 있던 일은 전혀 서두를 필요가 없는 일이었어요. 순간 조금 화가 나서 "아니, 이럴 때는 그 일을 잠시 미뤄두고 좀 전에 부탁한 급한 일을 먼저 했어야지"라고 잘 타일러 말했습니다. 이런 정도의 대화가 혼내는 커뮤니케이션은 아니라고 생각했지만, 후배의 표정을 봤을 때 조금 위축된 것처럼 느껴졌어요. 혹시나 후배는 혼났다고 느꼈을까 싶은 생각이 들어서요. 그런 생각을 하다 보니 어디서부터 어디까지가 혼내는 것인지 의문이 생기기 시작했습니다. 도통 뭐가 뭔지 모르겠어요. 표면적인 말투만으로 판단할 수 없고, 그 순간에 이르기까지의 맥락이나 상황에 따라서도 다를 것 같지만요.

선생님 혼내는 것이 될지 어떨지는 상대가 그것을 어떻게 받아들이느냐에 따라 달라집니다. 그렇기 때문에 그런 상황에서는 상대에게 지금 내 말을 어떻게 받아들였는지 물어보면 됩니다. 피드백을 받고 확인하는 것이 중요해요.

리더   대화 후에 지금 내가 한 말이 어떻게 느껴졌는지 물어본다는 것인가요? 이론적으로는 알겠는데, 그런 것마저도 마음을 써야 한다면 솔직히 너무 스트레스예요. 그래도 상대방이 어떻게 받아들였는지 확인하면서 커뮤니케이션해야만 할까요?

선생님   중요한 것은 그 질문에 어떤 답이 되돌아올지는 상대에 따라서 다르다는 거예요. 혼났다고 느꼈다면 다음부터는 전달하는 방식을 바꿔야만 해요. 신경 쓰이지 않는다는 사람도 있겠죠. 사람에 따라 느끼는 정도에 맞춰 말하는 방식을 제각각 다르게 해야 합니다.

리더   음… 아주 섬세한 대응이 필요하군요. 어떤 순간이라도 그런 자세로 팀원을 대하는 일을 저 같은 사람이 할 수 있을지 자신은 없지만, 시도해보지도 않고 부정하는 것은 좋지 않겠죠. 명심하겠습니다.

선생님   수고가 많이 드는 일이죠. 하지만 수고를 들이지 않으면 좋은 리더가 될 수 없습니다.

리더   그렇다면 상대에게 물어봤을 때 혼났다고 느꼈다는 피드백을 듣는다면, 혼낼 생각은 아니었다고 말해주면 될까요?

선생님 　네, 맞아요. 가장 좋지 않은 것은 서로 아무 말도 하지 않고 상대의 기분을 탐색하는 것이라고 생각하거든요. 상대가 혼났다고 느꼈다면 그것을 인정해야만 합니다. 앞으로 조심하겠다고 리더가 굽힐 수밖에 없습니다. 그런 후에 어떤 식으로 말해주면 좋겠는지 상대에게 물어보세요.

리더 　꽤 어려운 일이네요. 애초에 팀원이 그런 질문에 답을 해줄까요? 게다가 저는 이미 위의 상사들에게서 후배를 지나치게 신경 쓰는 것 같다, 더 분명하게 말하는 편이 좋겠다는 말을 듣는 타입입니다.

선생님 　물어보면 팀원들은 답해줄 겁니다. 저는 제 아이에게 자주 물어봤어요. "지금 아빠가 말하는 방식은 어땠어?"라고 물어보면 "좀 별로였어" 같은 대답을 합니다. "그러면 어떤 방식으로 말하면 좋을까?"라고 물어보면 어떻게 말해주면 좋을지 가르쳐줘요. 이후에 그 방식으로 바꿔 말하면 아이는 그다지 저항하지 않고 제가 하는 말에 귀를 기울여줬습니다.

리더 　그렇군요. 직접 해보지 않으면 모르는 일이군요.

선생님 　하지만 이것도 아이에 따라 다릅니다. 그래서 수고스러운 일이기는 하죠. 이때 중요한 것은 감정을 부풀리지 않는 것입니다.

리더 감정을 부풀리지 않는다고요?

선생님 중요한 것은 자신의 말을 상대에게 전달하는 것이므로 그것에만 집중하면 됩니다. 여기에서 감정을 부풀리는 이유는 무의식적으로 '강한 톤으로 말하면 두려움을 느껴서 내 말을 들어주지 않을까?'라고 생각했기 때문입니다. 그런 생각을 전혀 하지 않고 전달해야 할 내용을 올바르게 전달하는 것에 집중하는 것이 탁월한 리더의 조건이에요.

리더 화를 내면 말을 들어줄 것이라는 태도는 제가 팀원일 때 아주 싫어하던 상사의 태도였기 때문에 절대 그렇게 되어서는 안 되겠네요. 팀원과 세심하고 진지하게 마주해야만 한다는 것을 절실히 느낍니다.

명령은 멋있고 부탁은 멋없다는 착각

리더 여러 가지 이야기를 듣고 나니 질문이 생겼어요.

선생님 무엇이든 물어보세요.

리더 직장에서의 커뮤니케이션에는 누가 뭐라고 해도 '지시 명령'이 있다고 생각해요. 이 점에 대해 어떻게 생각하세요?

선생님 직장에서 지시를 내릴 때 실제로 어떻게 하나요?

리더 음, 보통은 "○○을 부탁합니다"라고 말해요. 그리고 "이 일은 ○○씨가 잘하는 분야죠. ○○씨가 해준다면 도움이 될 것 같아요" 같은 방식으로도 자주 말해요.

선생님 우선 부탁과 명령은 다릅니다. 명령은 상대가 거절할 수 없는 방식이에요. 그런 의미에서 '○○을 하세요'는 물론이고 '○○을 해주세요'도 명령입니다. 상대 입장에서 그것을 거절하기는 어려우니까요. 부탁은 반대로 상대에게 거절할 수 있는 여지를 남겨두는 방식으로, 구체적으로는 두 가지 방식이 있어요. 하나는 의문문입니다. '○○을 해주지 않겠어요?' 같은 것이죠. 또 한 가지는 가정문입니다. '○○을 해준다면 좋겠습니다만'이나 '○○을 해주면 도움이 될 것 같습니다' 같은 방식으로 말하는 거예요. 이런 방식은 상대에게 거절할 여지가 있는 방식으로 결과적으로는 상대방이 대체로 그 말을 들어줍니다.

리더 왜 그런가요? 거절할 여지가 있는데 왜 그 말을 들어주는 거죠?

선생님 직장 상사의 부탁이기 때문에 팀원이 이를 거절하는 일은 거의 없어요. 명령문을 사용해도 부하는 똑같이 거절하지 않겠지만, 감정적으로 반발심을 느낄 가능성이 있습니다. 상대가 상사라도 거절하고 싶을 때가 있으니까요.

리더 확실히 그렇네요. 의문문이나 가정문으로 부탁하는 편이 저항 없이 받아들이기 쉽다는 거군요. 자신을 대등하게 대해준다는 감각 때문이겠네요.

선생님 부탁을 할 때는 의문문이나 가정문을 사용하겠다고 정해두면 의외로 편해요. 일이 순조롭게 진행될 것입니다. 그런데 이렇게 말하는 방식을 원하지 않는 상사들이 많아요.

리더 저는 그렇지는 않습니다만.

선생님 젊은 사람들은 대부분 그렇게 느끼지 않지만 연배가 있는 분들에게는 어려운 모양입니다.

리더 그렇다면 저는 적어도 마음이 젊은 편이군요. 조금 기분이 좋습니다.

선생님   대체로 여성들은 그다지 큰 어려움을 느끼지 않아요. 물론 남성, 여성으로 구별해서는 안 되지만, 아들러의 말을 빌리자면 '남성의 악덕을 모방해서는 안 된다'라고 할 수 있습니다. 팀원에게 부탁한다는 것 자체에 저항을 느끼는 위압적인 남성 상사의 태도는 절대로 모방해서는 안 됩니다. 리더가 되고 얼마 지나지 않은 사람에게서 동료였던 사람을 대할 때 말투를 바꿀 필요가 있는지에 관한 질문을 받았던 적이 있습니다. 제 대답은 "바꿀 필요는 전혀 없다"였습니다. 리더와 팀원은 역할이 다를 뿐이지 인간으로서는 대등합니다. 역할이 조금 바뀌었다고 해서 말투를 바꿔 위압적일 필요는 없습니다.

리더   하지만 일을 할 때는 어느 정도 긴장감도 필요하지 않나요? 제가 분명하게 지시를 내리지 않으면 지난번에 경험했던 것처럼 중요한 일을 나중으로 미뤄두는 팀원이 생기기도 합니다. 팀원이 저의 이야기를 가볍게 여겨서 일의 속도가 떨어지거나, 성과가 올라가지 않을 가능성도 있을 것 같아요.

선생님 위압적으로 행동할 필요가 없다는 것은 감정을 섞을 필요가 없다는 것입니다. 위압적인 태도와 의연한 태도는 달라요.

리더 아, 그 부분은 구별이 어렵네요. 도대체 무엇이 다른가요?

선생님 위압적인 태도는 당사자뿐만 아니라 주위 사람이 봐도 무섭다고 생각하는 태도입니다. 예전에 지하철을 타고 가고 있을 때 휴대폰 벨소리가 요란하게 울린 적이 있습니다. 게다가 그 사람이 전화를 받았어요. 대학생 정도로 보였습니다. 그러자 눈앞에 있던 사십 대 정도의 남성이 눈을 치켜뜨고 소리쳤습니다. "지하철에서 통화를 해서는 안 되는 것도 몰라!"라고요. 순간 저도 모르게 메일 확인을 하고 있던 휴대폰을 주머니에 넣었어요. 그 남성이 화내는 모습이 무서웠기 때문입니다. 이것이 바로 위압적인 태도입니다. 당사자가 아니라 주위에 있던 사람들마저 마치 자신이 야단맞은 것같이 위축되는 말과 행동을 가리킵니다.

리더 그 이야기를 듣고 보니 제가 경험한 상사의 갑질도 옆에서 보고 있으면 무서워서 벌벌 떨리고 심장이 쿵쿵거렸어요. 문득 생각났는데, 예전에 상사가 제 선배가 정리한 보고서를 몇 번이고 고쳐 쓰게 한 일이 있었어요. 그 선배는 사십 대 베테랑으로 충분히 일을 잘하는 사람이었기 때문에 처음 제출한 보고서도 충분한 수준으로 완성되어 있었는데 말이죠. 그 상사는 그의 무엇이 마음에 들지 않았는지 세세한 부분을 꼬투리 잡으면서 몇 번이고 고치게 했습니다. 같은 부서도 아닌 제가 어떻게 이런 일을 알고 있는가 하면, 그 상사가 보고서와 관련해서 선배와 주고받은 메일에 수많은 관계자를 참조로 넣었기 때문입니다. 게다가 의도한 것처럼 한밤중이나 주말에 몇 번이나 수정을 지시하는 메일을 보냈습니다. 그 일과는 관계가 없는 저까지 등줄기가 서늘해지는 공포감과 불쾌함을 느꼈던 기억이 몇 년이 지난 지금도 생생합니다. 물론 이렇게 심한 상사의 갑질은 논외겠지만, 올바른 지적이라면 팀원이 받아들일 수 있을 만한 형태로 분명하게 전달하는 것이 좋을 것 같아요.

선생님 상사로서 갑질이 될 법한 위압적인 태도는 물론 좋지 않습니다. 반면에 의연한 태도는 필요합니다.

좀 전의 휴대폰 사례를 빗대어 말하자면, 고함을 치지 않고 주의를 주는 것으로 충분합니다. 저는 그 사람에게 주의를 줄 필요가 없다고 생각했지만 만약 그래도 주의를 주고 싶다면 '혹시 지하철 안에서 큰 소리로 통화해서는 안 된다는 것을 모르시나요?'라고 화의 감정을 섞지 않은 담담한 말투로 이야기했다면 좋았을 거예요. 다른 사례로 설명해볼게요. 한번은 급행열차에서 좌석을 여기저기 옮겨 다니는 승객을 본 적이 있습니다. 술을 마신 듯했어요. 그때 마침 승무원이 찾아오기에 어떻게 대응하는지 궁금해하며 지켜봤습니다. 승무원은 먼저 자신의 신분을 밝혔습니다. "저는 급행열차 승무원입니다." 그 후에 이렇게 말했습니다. "다른 승객분들은 모두 표를 구입해서 승차하셨습니다. 하지만 선생님은 표를 가지고 있지 않으시죠. 내려주십시오." 감정은 전혀 섞여 있지 않은 말투였습니다. 그 후 약간의 실랑이가 있었지만 결국 그 승객은 다음 역에서 얌전히 내렸습니다. 근처에서 이 모습을 보고 있던 승객 중 한 명이 멋있다며 감탄했습니다. 옆에서 보기에 이 대응이 무섭지 않았던 것이죠. 이것이 바로 의연한 태도입니다.

리더 　말해야 할 것을 의연하게 말한다라…. 의연한 태도와 위압적인 태도는 다르며, 주위에서 두려움을 느끼지 않고 동경하게 되는 것이 의연한 태도군요. 저도 그런 리더가 되고 싶습니다.

'힘내!'라는 말의 무책임함에 대하여

〰

리더 　그러고 보니 선생님, 이전에 무심코 회사의 젊은 직원들에게 "힘내!"라고 말한 적이 있습니다. 그랬더니 그중 한 명이 나중에 찾아와서는 힘내라고 말하지 않는 것이 좋다고 지적하더라고요. 마음이 약해져 있는 사람에게 힘내라고 말해서는 안 된다는 말은 자주 들어봤기 때문에 배려가 부족했다고 반성하고는 있습니다.

선생님 　힘내라는 말이 격려가 되는 사람도 물론 있어요. 하지만 그것은 굉장히 멘털이 강한 사람에 한정됩니다. 일반적으로 힘내라는 말은 용기를 주는 말이 아닙니다.

리더　　그렇다면 용기를 주는 말은 무엇인가요?

선생님　제가 혼내지도 칭찬하지도 말라는 말을 하면 보통 "그렇다면 무엇을 하면 되나요?"라고 물어봅니다.

리더　　맞아요! 제가 이렇게 선생님과 이야기를 나누면서 조금 이해하기 힘든 부분이 바로 그 지점입니다. 혼내지도 칭찬하지도 않는다면 저는 리더로서 팀원들에게 어떤 역할을 해야 하는 걸까요? 아무것도 하지 않는 것도 아닌 것 같고요.

선생님　아들러는 "자신에게 가치가 있다고 생각될 때만 용기를 가질 수 있다"라고 말했습니다. 여기서 말하는 용기는 일에 몰두할 용기입니다. 일의 실질적인 내용은 많은 경우 대인 관계입니다만, 사람과 얽히면 반드시 어떤 형태로든 마찰이 발생해요. 자신감 있는 사람은 사람과 얽히는 것을 두려워하지 않습니다. 하지만 그렇지 않은 사람은 상처받는 것을 두려워해서 대인 관계를 피하려고 합니다. 그리고 대인 관계를 피하기 위해 '나에게는 가치가 없다'라는 생각에 빠져들어요.

리더　　자신에게는 가치가 없다는 생각에 빠져든다는 말

이 무슨 의미인가요?

선생님 　열심히 일에 몰두하려고 하지 않는 사람에게 리더
가 "자네라면 할 수 있어, 힘내!"라고 말한다면 아
이러니하게도 점점 힘을 낼 수 없게 됩니다. 왜냐
하면 그 사람은 힘내면 할 수 있다는 가능성 안에
서 사는 것을 선택하기 때문이죠.

리더 　확실히 있을 법한 일이네요.

선생님 　그런 사람은 자신에게는 본질적으로 가치가 없다
고 생각해요. 자신에게 가치가 없는 것, 자신에게
능력이 없는 것을 열심히 일에 몰두하지 않는 이
유로 삼는 것입니다. 그런 팀원이 자신에게 가치
가 있다고 생각할 수 있도록 도움을 주는 것이 리
더의 일이에요. 다시 말해 일에 몰두할 용기를 가
질 수 있도록 도와주는 일입니다. 구체적으로는 기
회가 있을 때마다 고맙다고 말하는 것이죠. 고맙다
는 말을 들으면 사람은 공헌감을 느낍니다. 공헌감
을 느낄 수 있는 사람은 자신에게 가치가 있다고
생각합니다. 그리고 자신에게 가치가 있다고 생각
할 수 있는 사람은 일에 몰두할 용기를 가질 수 있
습니다.

리더	그것이 좀 전에 말씀하신 용기를 주는 말이군요.
선생님	아이가 시험에서 좋은 성적을 받았다고 해봅시다. 그 아이가 스스로 앞으로도 좋은 성적을 받을 수 있다고 확신한다면 다음에도 힘내라는 부모의 말이 용기를 주는 말일 수 있습니다. 하지만 이번에는 어쩌다 보니 좋은 성적을 받았을 뿐이라고 생각한다면 다음에도 힘내라는 말은 압박으로밖에 느껴지지 않기 때문에 용기를 낼 수 없어요. 이런 아이는 다음에도 좋은 성적을 받아야만 한다, 부모의 기대에 부응하는 성적을 내야만 한다고 생각해요. 그렇게 생각하는 아이가 무엇을 하는가 하면, 시험을 보지 않습니다. 시험을 보지 않으면 평가받을 일이 없으니까요.
리더	그러니까 하기만 하면 잘할 수 있다는 가능성을 가지고 살아가는 것을 선택한다는 것이군요. 최선을 다해 일에 몰두하지 않는 사람도 마찬가지고요.
선생님	네, 그래서 힘내라는 말을 조심해야 합니다. 다만 예외도 있어요. 힘내라는 말을 듣고 힘을 낼 수 있는 사람도 있기 때문에 한 명 한 명 물어보고 확인하는 편이 좋아요. 다만 일반적으로 달성하지 못한

것에 주목한 말은 삼가는 편이 좋아요. 그런 의미에서 '고생했구나'라는 말은 괜찮다고 생각합니다.

리더   그렇군요. 고생했다고 말하면 달성한 것에 대해 인정하는 것이 되니까요. 그렇다면 '해냈네!'나 '거봐, 해냈잖아!'라는 말은 어떤가요?

선생님   상대에 따라 다릅니다. 기쁘게 받아들이고 동기부여가 되는 사람도 있지만 그렇지 않을 가능성도 있어요. 한번 확인하는 편이 좋다고 생각해요. "지금까지 깊이 생각하지 않고 '해냈네!'라고 말해왔는데, 그 말을 들었을 때 실제로 어떤 생각이 들었어요?"라고 말이죠. 말에 어떤 속셈이 있다면 상대는 반드시 눈치챕니다. '해냈네!'라는 말이 순수하게 기쁨을 공유하는 것이라면 괜찮지만 그 뒤에 좀 더 일을 열심히 해주었으면 좋겠다거나 상대를 조정하려는 속셈이 있다면 상대는 금방 그런 낌새를 느낍니다.

리더   솔직히 어렵네요. 팀원이 좀 더 힘내서 성과를 올렸으면 하는 마음을 가지는 것은 당연하잖아요? 물론 가까운 상대라면 '해냈네!', '대단해!'라는 말이 순수하게 나오죠. 하지만 대하기 힘든 팀원인 경우에는 여러 가지를 생각하게 되고, 말을 고른 끝에 결과적으로 속셈이 스며들기 쉬워지는 것 같습니다.

선생님 표현법을 착실하게 찾아야만 해요. 우리는 보통 너무나도 사려가 부족한 표현들을 사용합니다. 상대의 입장은 전혀 생각하지 않고 이야기하고 있는 것이죠. 그렇기 때문에 리더가 되었다면 표현에 신중해져야 합니다. 팀원을 지나치게 배려하는 것이 아닌가 싶을 정도로 주의를 기울이는 것이 좋습니다. 아들러의 책에 지네에 관한 이야기가 나옵니다. 지네는 '백족지충(百足之蟲)'이라고 할 정도로 다리가 많죠. 그런 지네에게 한 사람이 "그렇게 다리가 많은데도 요령 있게 잘 걷는군요. 그런데 어느 다리를 제일 처음 내미나요?"라고 물었습니다. 그리고 그 말을 듣자마자 지네는 다리가 꼬여서 걸을 수 없게 되었다고 합니다.

리더 머리로 생각해서는 움직일 수 없다는 말이군요.

선생님 처음에는 지나치게 생각이 많아져서 말하는 것이 어려울지도 몰라요. 하지만 거기에서부터 시작하기를 바랍니다. 거기에서 시작하면 팀원과의 관계는 확실하게 변할 거예요.

칭찬 대신 용기를 줘야 하는 이유

리더　이야기를 듣다 보니 또 궁금한 점이 생겼습니다. 최근 회사마다 일대일 면담이 유행하고 있잖아요. 저희 회사에서도 최근 제도화되었어요. 팀원 한 사람 한 사람과 매주 한 번 한 시간 정도 일대일 면담을 하는데 무엇을 이야기하면 좋을지 고민이 됩니다. 솔직히 잘 모르겠어요. 떠오른 건 현재 상황을 확인하거나 최근에 있었던 일을 돌아보며 잘한 것과 잘못한 것을 평가하는 정도예요. 선생님께 야단과 칭찬은 좋지 않다고 배웠고 이해하고 있습니다. 그렇다면 일대일 면담에서 할 수 있는 것은 현재 상황 확인 정도밖에는 없는 것 같아요. 하지만 그건 평소 회의에서도 하고 있거든요.

선생님　일대일 면담에서는 앞으로 업무에 도움이 되는 이야기를 해야 합니다.

리더	맞아요, 바로 그거예요.
선생님	그렇다면 과거에 일어난 일을 확인하는 것만으로는 의미가 없어요. 과거에 실패했다면 '개선'이라는 미래의 이야기를 해야만 합니다. 과거의 사실을 지적하는 것만으로는 의미가 없습니다.
리더	맞아요. 과거의 사실은 지적해도 의미가 없어요. 물론 혼내거나 칭찬해도 안 되는 거죠.
선생님	그런 자리에서 리더가 해야 할 일은 용기를 주는 것이에요. 그 사람의 공헌에 주목하는 자리로 삼는 것이 좋다고 생각해요. 구체적으로는 "그 일을 해준 덕분에 많은 도움이 되었어요, 고마워요" 같은 말을 하는 것이죠. 그렇게 자신의 존재가 리더에게 받아들여졌다고 팀원이 느낄 수 있다면 다음에도 일을 할 때 힘을 낼 수 있어요. 잘하지 못한 것을 지적할 필요는 전혀 없어요. 저희 아이의 교육 이야기로 예를 들어보겠습니다. 예전에 저희 가족은 사주 가족회의를 했어요. 아이가 어떤 문제를 일으키면 어른들은 분명한 속셈을 가지고 가족회의를 열게 되죠.
리더	선생님도 그런 속셈을 가질 때가 있으세요? 조금

안심되네요.

선생님 그럼요. 한때 아들이 식사 시간에 태도가 좋지 않다는 생각이 들어서 가족이 함께 이야기를 나눠보자며 가족회의를 소집했습니다. 아들에게 "이야기할 거 뭐 없어?"라고 물었어요. 그러자 아들은 자세를 똑바로 고쳐 앉고는 "아빠, 항상 열심히 일해주셔서 감사합니다. 엄마, 늘 맛있는 식사를 만들어주셔서 감사합니다"라고 말하더니 고개를 깊이 숙였습니다. 그날 가족회의는 그렇게 끝내기로 했어요. 아이는 어른들의 속셈을 꿰뚫어 봅니다. 식사 때 아들의 태도가 나쁘다, 식사를 준비해주는 엄마에게 감사하는 마음이 부족하다고 생각했는데, 그런 것은 말할 필요도 없이 아들 역시 알고 있었던 거죠. 알고 있는 것은 굳이 지적받고 싶지 않은 법이에요. 그 사실을 깨달았기 때문에 저는 가족회의를 끝낸 것입니다. 그리고 실제로 그것만으로도 아들의 식사 태도 문제는 해결되었어요. 회사의 일대일 면담도 말하자면 가족회의와 비슷해요. 잘하지 못한 것을 굳이 지적할 필요는 없습니다. 일대일 면담이 팀원의 실패를 따지고 나무라는 자리라고 알려진다면 아무도 참여하고 싶지 않겠죠. 일대일 면담에서 언급할 부분은 잘한 일, 그리고 공헌한 일입니다.

리더 용기를 주는 자리로 활용하면 된다는 말씀이군요.

선생님 그 자리를 분명하게 최근 일주일 동안 팀원이 해낸 일을 언급하는 시간으로 설계하는 것입니다. 일대일 면담이 과거의 실패를 지적하는 시간이 아니라는 것을 확실히 해야 합니다. 리더가 일대일 면담을 그런 시간으로 설계했다는 것이 팀원들에게 전해진다면 긍정적인 마음으로 이야기 나눠줄 것이 분명하죠.

리더 지금까지 들은 이야기 중에서 한 가지 확인하고 싶은 것이 있어요. 칭찬하는 것과 존재를 인정하는 것은 다르다는 말씀이죠? 그리고 칭찬하는 것과 달리 존재를 인정하는 말과 행동은 팀원에게 늘 해야 할 일이라고도 하셨고요.

선생님 직장은 일을 하는 곳이기 때문에 성과를 내야만 합니다. 그 부분은 자녀 교육과는 크게 다른 부분으로, 직장에서는 성과를 내지 않는 사람에게 지금 이대로 괜찮다고 해줄 수 없어요. 하지만 그와는 별개로 팀원의 존재 그 자체가 팀의 모두에게 공헌하고 있다는 것을 리더는 전달해야만 합니다. 요즘 사회에는 자신이 아무것도 할 수 없는 사람이라고 생각하는, 자기 평가가 낮은 사람이 상당히 많습니다. 그렇기 때문에 더더욱 지금 당신은 아무것도 할 수 없을지 모르지만 적어도 나는 그런 당신을 오롯이 받아들이고 있다는 것을 전해야 합니다. 다시 말해 리더가 자신의 미래 가능성까지 보고 있다는 것을 알게 된다면 팀원은 지금 상태에 머물지 않습니다. 그렇다면 더 힘을 내봐야겠다고 생각하게 되죠. 그런 작용을 아들러 심리학에서는 '용기 주기'라고 부릅니다.

리더   용기를 주는 것은 칭찬하는 것과 다르다는 말씀이군요.

선생님   그렇습니다. 팀원이 한 일에 대해서 고자세로 칭찬한다면 칭찬받기 위해 열심히 일하는 사람들이 생겨납니다. 리더에게 인정받기 위해서 열심히 일하겠다는 사람이 꼭 나와요. 그건 직장에서나 자녀교육에서나 상당히 곤란한 일입니다. 칭찬해주는 사람이 없으면 열심히 하지 않거나, 자신의 판단으로는 움직이지 못하는 사람이 생겨나는 것이기 때문이죠.

리더 　정말 그래요. 주체성 없는 사회인은 골칫거리예요.

선생님 　이때 어려운 부분은 완전히 같은 말이 칭찬의 표현이 되기도 하고 용기를 주는 표현이 되기도 한다는 거예요. 앞에서 용기를 주는 표현으로 '고마워'를 언급했죠. 하지만 이 표현도 칭찬으로 받아들여 고맙다는 말을 듣지 못한다면 열심히 일하지 않는 사람이 나올 리스크가 있어요.

리더 　그렇군요. 그래서 저는 칭찬과 용기 주기를 구분하는 것이 어렵게 느껴져요.

선생님 　같은 표현이라도 사람에 따라서 느끼는 방식이 다르기 때문에 기회가 있을 때 한 사람 한 사람에게 직접 물어보고 확인하는 편이 좋아요. 다만 '고마워'라는 말을 듣지 않았다고 해서 열심히 일하지 않는 사람이 생기는 것은 과도기적인 일이라고 생각합니다. 상사와 팀원 사이가 아니라도 고맙다고 말할 일은 얼마든지 있죠. 편의점에서 점원에게 자연스럽게 "부탁합니다, 감사합니다"라고 말하는 사람은 많습니다. 마찬가지로 직장에서 팀원에게 복사를 부탁할 때도 "부탁합니다, 고맙습니다"라고 말하는 사람이 있습니다. 고객과 점원이기 때문에 당연하고 상사와 팀원이기 때문에 당연하지 않은 것이 아니라, 사람과 사람 사이의 관계에서 고맙다고 말하는 것은 너무나 당연한 일이에요. 그렇게 당연한 일을 확실하게 해야 합니다. 그렇게 인간 대 인간으로 당연히 해야 할 감사 인사를 리더가 먼저 한다면 그런 리더와 함께 일한다는 것 자체에 팀원은 기쁠 것입니다.

리더 그렇게 되면 동기부여가 확실히 되고 생산성이 올라가겠군요.

선생님 저는 생산성이라는 말을 별로 좋아하지 않습니다만, 리더가 고맙다고 말하면 업무에서 좋은 성과를 내기 쉬워지는 것만은 틀림없다고 생각합니다. 잘 생각해보면 팀원이 오늘 출근해준 것도 충분히 감사한 일이에요. 출근 시간을 맞추기 위해 알람을 설정해두고 일어나 지하철을 타고 회사에 와준 것은 당연한 일이 아니기 때문입니다. 지금은 재택근무를 하는 회사도 많은데요, 집에서 책상을 정리하고 컴퓨터를 켜는 것도 수고스러운 일입니다. 리더에게는 감사한 일이죠. 그런 부분에 대해 고마운 마음을 말로 표현해 전달해야 합니다. 그런 것에서 부터 시작하자는 것이 리더가 된 여러분에게 제가 드리는 작은 제안입니다.

고맙다는 말의 힘

리더 　선생님, 그렇다면 또 이런 고민이 생깁니다. 고맙다고 말하려고 생각하고 있어도 타이밍을 놓치거나 잊어버리는 일이 어쩔 수 없이 생길 것 같아요.

선생님 　네, 실제로 모든 사람에게 모든 상황에서 고맙다는 말을 하기는 어렵습니다.

리더 　그럴 때 상대방이 '어? 다른 사람에게는 세심하게 고맙다고 말하더니, 왜 나한테만 말해주지 않는 거지?'라고 신경 쓰지 않을까 걱정이 되었어요. 실제로 얼마 전에 후배와 식사를 하는데 후배가 "저는 선배님께 칭찬받은 일이 없습니다"라며 걱정스러운 얼굴로 말하더라고요. 순간 저는 깜짝 놀라 한 사람 한 사람이 하는 일을 좀 더 잘 관찰해서 사소한 일이라도 확실하게 감사의 마음을 전달해야겠다고 다짐했습니다.

선생님 평소에 '이 리더는 팀원의 일에 확실히 주목해주는 사람이다'라는 것이 그 사람에게 전해졌다면 괜찮습니다. 리더의 자세가 전해졌다면 어쩌다 한 번 고맙다는 말을 듣지 못했더라도 그걸로 심하게 실망하거나 일할 의욕을 잃는 일은 일어나지 않을 거예요. 물론 처음 한동안은 주의를 기울여야만 해요. 익숙해질 때까지 주의를 기울이지 않으면 고맙다는 말은 영영 할 수 없어요. 처음에는 고맙다고 말할 때마다 얼굴이 굳는다는 사람도 많아요.

리더 네, 저도 그런 느낌이에요. 하지만 그런 어색한 고맙다는 말도 듣는 입장에서는 그렇게 나쁘지 않은지 조금 놀랄 정도로 기뻐하는 후배를 본 적도 있어요. 그래서 더더욱 고맙다는 말을 해야겠다는 생각이 듭니다. 물론 그래서 고맙다는 말을 잊었을 때가 더욱 신경 쓰일 것 같아요.

선생님 나중에라도 말하면 됩니다. 말하는 것을 잊었는데, 그때 고마웠다고요.

리더	아, 정말 그렇네요. 시간이 지나서 말할 때도 쑥스러울 것 같지만요.
선생님	그래도 이미 느끼신 것처럼 고맙다는 말을 하면 반드시 직장에서의 대인 관계가 변해요. 그렇다면 계속해서 말하는 수밖에 없습니다. 만약 이전과는 다른 방식으로 팀원을 대할 마음이 있다면 모두의 앞에서 선언하는 것도 좋은 방법입니다. '오늘부터 리더로서 여러분을 대하는 태도를 바꾸려고 합니다. 앞으로는 고맙다는 말을 확실하게 할 생각입니다. 잘 부탁드립니다'라고 말이죠.
리더	음… 굉장히 어려운 일이네요. 아주 쑥스러울 것 같아요.
선생님	하지만 그렇게 선언하면 팀원과의 관계가 상당히 많이 변할 것입니다. 리더가 고맙다고 말하는 것을 잊어버렸다면 지적해주는 사람도 있을 거예요.
리더	그렇게 된다면 저 혼자서 말하는 것을 잊었다고 우물쭈물 속을 끓일 필요는 없겠네요.
선생님	그런 것까지 포함해서 팀 내의 관계성이 대등해집니다. "좀 전에는 고맙다고 말해줘야 할 상황 아닌가요?"라고 리더에게 지적할 수 있는 팀원이 있다

면 다른 의견을 주장할 때도 자신을 어떻게 생각할까에 대해 신경 쓰지 않을 것입니다. 그러면 팀원이 실패가 두려워서 도전하지 않거나 실패했을 때 혼나는 것이 무서워서 숨기는 일은 없어지죠. 할 수 없는 일이 있다면 할 수 없는 자신을 받아들이고 할 수 있도록 노력하게 될 것입니다.

리더   선생님과 이야기를 나누면서 직장에서 고마운 마음을 표현하는 것이 얼마나 중요한 것인지 절실히 느끼고 있습니다. 하지만 회사에서는 고맙다는 말을 듣기 힘든 일도 있어요. 대체로 재무팀과 총무팀 같은 비영업 부문의 일이죠. 이런 부서의 일은 완벽하게 하는 것이 당연하고, 작은 실수라도 생기면 불만을 듣는 형편이라 열심히 해도 보상받지 못할 것이라는 인식을 가진 사람이 많습니다. 제가 재무팀에 있었을 때도 "고맙다는 한마디만 해준다면 더 열심히 일할 수 있을 텐데"라고 동료들과 한탄한 기억이 있어요. 하지만 분명 고맙다는 말을 듣기 위해서 열심히 일해서는 안 되는 거죠.

선생님   반복되는 이야기입니다만, 칭찬받을 수 있기 때문에 열심히 일하고 칭찬받을 수 없어서 열심히 일하지 않는다면 곤란합니다. 고맙다는 말은 존재를 승인하는 표현이지 칭찬과는 다르다고 앞에서도 말했습니다. 하지만 칭찬받으며 자라온 사람 중에는 '고맙다'를 칭찬의 표현으로 받아들이는 사람이 있는 것도 사실입니다.

리더 　정말 그런 것 같아요.

선생님 　저는 집에서 집안일을 최대한 하려고 노력하는데요, 식사 후 정리는 집안일 중에서도 어려운 일입니다. 식사가 끝나면 가족들은 모두 소파에 누워서 텔레비전을 보곤 하죠. 그 모습을 곁눈질하면서 혼자 설거지를 하게 되었을 때, '왜 나만 이런 일을 해야 할까?' 하는 생각이 들었습니다. 그런 생각을 하며 설거지를 하고 있을 때 가족 중 누구도 저를 도와주지 않았습니다. 이렇게 고맙다는 말도 듣지 못하는 일을 하면서 '어째서 내가 해야만 할까?'라고 불만을 가지는 사람은 많아요. 카운슬링을 하다 보면 그런 사람들이 저를 아주 많이 찾아오죠.

리더 　그럴 때 어떤 조언을 해주시나요?

선생님 　아무도 고맙다는 말을 해주지 않을지 모르지만 그 일이 누군가에게 공헌하는 일이라는 것을 알려줍니다. 예를 들어 설거지라는 행위는 가족으로부터 고맙다는 말을 들을 수 없을지는 모르지만 가족에게 공헌하는 행위입니다. 그렇다면 공헌감을 가질 수 있어요. 다시 말해 가족에게 고맙다는 말을 듣지 못해도 자신이 가족에게 공헌하고 있다는 감각은 가질 수 있습니다. 이렇게 공헌감을 가질 수 있다면 자신에게 가치가 있다고 생각할 수 있어요. 아들러의 말을 빌리면 자신에게 가치가 있다고 생각할 수 있다면 행복하다고 느낄 수도 있습니다. 다른 사람이 어떻게 생각하는지와는 관계없이 자신이 다른 사람에게 공헌하고 있다는 기쁨을 느낄 수 있다는 것이죠.

리더   아, 알 것 같아요.

선생님   하지만 어려운 점은 그 조언을 상사가 팀원에게 해서는 안 된다는 것입니다. 만약 상사가 팀원에게 '나는 네 일에 일일이 고맙다고 말할 여유가 없다. 너희는 알아서 공헌감을 찾아라'라고 설교한다면 그거야말로 블랙 기업입니다.

리더   제가 상사라면 역시 고맙다고 말해야만 하는 거죠? 고맙다는 말을 칭찬의 표현으로 받아들이는

것은 과도기적 현상이라고 말씀하셨으니 계속해
서 말해야겠습니다.

카리스마 있는 리더가 되고 싶었다

관계

어떤 말을 해도 꼬아 듣지 않는 관계

리더   선생님, 요즘 한 젊은 팀원 때문에 머리가 아픕니다. 같은 실수를 몇 번이고 반복해서 그때마다 같은 말을 하게 되는데 역시나 일을 제대로 처리하지 못해요. 그러다 보니 아무래도 말이 엄하게 나올 때가 있어요. 하지만 선생님의 말씀대로라면 혼내는 것은 좋지 않으니, 지금처럼 똑같은 주의를 같은 톤으로 상대가 그 일을 해낼 수 있을 때까지 계속해서 이야기하는 수밖에 없는 건가요?

선생님 지금 무엇을 어떻게 바꾸고 싶으신가요? 지금보다도 엄한 톤으로 주의를 주고 싶은 건가요?

리더 음… 엄하게 말하고 싶은 것이 아니라, 그 친구가 일을 제대로 해주었으면 좋겠어요. 최근 팀 프로젝트가 진행되고 있는데요, 그 프로젝트를 진행하면서 회의에서 준비해주길 바라는 자료가 매번 제대로 준비되지 않아요. 많은 사람이 관련된 프로젝트기 때문에 그때마다 모두에게 폐를 끼치게 됩니다. 그런데 같은 상황에서 늘 똑같이 준비가 제대로 되지 않으니 정말 곤란합니다.

선생님 그 마음은 알겠습니다. 이 문제에서는 톤을 바꾸는 것이 아니라 지시 내용을 바꾸는 수밖에 없습니다. 같은 말을 반복하는데 늘 같은 문제가 생긴다면 지시의 방식에 문제가 있는 것입니다.

리더 확실히 그런 것 같긴 한데요….

선생님 말투나 톤이나 감성 같은 것과는 관계가 없어요. 받아들이기 힘든 일인지도 모르겠습니다만, 팀원이 몇 번이고 실수를 반복하고 제대로 해야만 하는 일을 계속해서 못하고 있다면 상사에게 책임이 있다고 생각해야만 해요. 자신의 지도 방식에 문제가 있다는 것을 인정하고, 어떻게 지시하면 팀원이 지도를 받아들여서 발전할 수 있을지를 생각하는 수밖에 없습니다.

리더   날카로운 지적이네요. 팀원의 실수는 곧 상사의 책임이고, 상사 스스로 방식을 개선해야만 한다는 말씀이군요. 다만 선생님에게는 변명처럼 들릴지도 모르겠습니다만, 많은 팀원을 데리고 있으면 모든 팀원에게 눈길을 주는 것이 여간해서 쉽지 않아요. 그런 가운데 어떻게 팀원과 대화하고 무엇을 개선하면 좋을지, 그 방법을 저는 여전히 모르겠어요.

선생님   그 젊은 팀원과 직접 상담하는 수밖에 없다고 생각해요. '어떻게 하면 제대로 할 수 있을 것 같아요?'라고 물어보는 거예요. 리더의 입장에서는 '이 정도 일이라면 할 수 있겠지?'라고 생각한 일이라도 팀원이 전혀 모르고 있는 경우는 얼마든지 있기 때문에 그런 부분에 대해 솔직하게 이야기 나눌 수 있는 관계를 만드는 것이 가장 중요합니다. 팀원은 상사에게 못하겠다는 말을 하면 그런 것도 모르냐며 혼날 것 같아 두렵다거나 비난받지 않을까 걱정될 수도 있어요. 그런 생각을 하고 있다면 물어보고 싶은 일이 있을 때도 솔직하게 물어보지 못하죠. 그렇기 때문에 우선은 모른다거나 이해하지 못했다고 말하더라도 너를 낮게 평가하지 않을 것이라는 사실을 상대에게 전할 필요가 있습니다. 그러니까 못할 것 같은 일은 하기 전에 상담해주기를 바란다고, 실패하기 전에 상담해줬으면 좋겠다고 말할 필요가 있습니다.

리더   그런 말은 이미 해봤습니다. 준비가 부족했다고 말할 때마다 "어쩌다 또 이런 상황이 되었을까요?"라고 물어보면 본인도 "그렇네요. 이 자료 작성은 좀 더 빨리 시작했어야 한다고 생각합니다. 주의하겠습니다" 같은 말을 합니다. 하지만 그 말이 좀처럼 지켜지지 않아요. 어쩌면 저는 대화의 내용과는 별개로 대화의 타이밍이나 방식에서 조금 틀렸는지도 모르겠습니다.

선생님   그 타이밍을 찾는 것은 어렵죠. 팀원이 일을 제대로 처리하지 못한 것은 '실패'입니다. 다시 말해 팀원에게 악의가 있어서 그런 것은 아니라는 말이죠.

리더   네, 분명 그렇지는 않겠죠.

선생님 실패했을 때 책임을 지는 방법에는 세 가지가 있
습니다. 첫 번째는 가능한 한 원래 상태로 회복시
키는 것입니다. '가능한 한'이라고 말하는 이유는
원래 상태로 회복할 수 없는 일도 있기 때문이에
요. 예를 들어 어린아이가 우유를 쏟았다고 해봅시
다. 우유가 담긴 컵을 들고 걸으면서 마시려고 하
다가 쏟았습니다. 이것을 악의가 없는 실패로 볼
것인가 악의가 있는 실패로 볼 것인가에 따라 대
응에 큰 차이가 있겠지만, 우선은 무심결에 쏟은
(악의가 없는) 실패로 생각해봅시다. 제일 먼저 해야
할 일은 바로 가능한 한 원래 상태로 회복시키는
일입니다. 우유를 쏟은 어린아이가 말을 알아듣는
나이라면 "어떻게 하면 좋을지 알아?"라고 물어봅
시다. 옛날에 아들이 우유를 쏟았을 때 저도 그랬
습니다. 그러면 아이는 "알고 있어요"라고 대답하
죠. "어떻게 해야 해?"라고 물으면 "걸레로 닦아야
해요"라고 대답하고 실제로 마루를 닦습니다. 이
것이 가능한 한 원래 상태로 회복시키는 일입니다.

리더 아, 팀원과의 관계도 비슷한 것 같아요. 회의 직전
이 되어서 필요한 자료가 준비되지 않았다는 것을

알게 되면 그 단계부터 시간이 되는 만큼 함께 자료를 준비합니다.

선생님　그때 팀원을 대신해서 직접 자료를 준비해서는 안 됩니다. 실패한 팀원이 직접 시간이 되는 만큼 준비하는 것이 중요해요. 이것이 실패에 책임을 지는 것이죠. 아이가 우유를 쏟았을 때 많은 가정에서는 부모가 이를 닦습니다. "어휴, 쏟았잖아!", "어쩌다 이랬어?" 같은 말로 호되게 꾸짖으면서 쏟아진 우유를 닦습니다. 그 과정에서 아이는 무책임을 배우게 됩니다. 물론 잔소리는 듣겠지만 자신이 어떤 실패를 하더라도 부모가 처리해준다는 것을 배워버리는 것이죠. 이것은 정말로 피해야 하는 일입니다. 만약 아이가 혼자서 닦을 수 없다면 부모가 함께 닦는 것이 좋겠죠. 만약 팀원이 혼자서는 시간 내에 자료를 만들 수 없다면 함께 해주는 것도 좋습니다. 하지만 팀원을 대신해서 리더가 직접 만들어서는 안 됩니다.

리더　일리 있는 말씀이라고 생각하는데요, 시간도 없고 초조해진 상황에서 제가 혼자 하는 편이 빠르다는 생각에 무심코 대신 하게 된 것 같습니다. 그런 저의 행동이 팀원을 무책임하게 만든다는 것인가요?

선생님 네, 그럴 수 있습니다. 자기 힘으로 가능한 한 원래 상태로 회복시키는 것이 책임을 질 때 가장 중요한 부분입니다. 두 번째로 필요하다면 사과해야 합니다. 아이가 우유를 쏟은 경우에는 사과할 필요가 없겠죠. 우유를 쏟은 것일 뿐 아무도 다치거나 피해를 입지는 않았으니까요. 하지만 회의 자리에 필요한 자료가 제대로 준비되지 않았다면 사과해야 합니다. 상사가 함께 사과해야 할 일도 있을 것입니다. 그리고 세 번째가 많은 사람이 잊기 쉬운 일인데, 같은 실패를 반복하지 않기 위해 이야기를 나누어야 합니다. 아들이 우유를 쏟았을 때 저는 아들이 마루를 닦은 후 "앞으로 우유를 다시 쏟지 않으려면 어떻게 해야겠어?"라고 물었어요. 아들은 잠시 생각한 후에 "앞으로는 앉아서 마실게요"라고 대답했습니다. 이것이 정답입니다. 이런 대처에 저는 감정을 전혀 섞지 않습니다. 감정을 섞을 필요는 없어요. 실수를 원래 상태로 회복하고, 앞으로의 대처 방법을 이야기하고, 책임을 지는 일은 감정을 섞지 않고도 할 수 있습니다.

리더 　같은 실패를 반복하지 않기 위해서 이야기 나누는 것은 실패한 이후에 바로 해야만 하나요?

선생님 　바로 하지 못하는 상황도 많겠죠. 며칠 후 안정된 상태에서 이야기를 나눠보면 서로 더 냉정하게 받아들일 수도 있을 것입니다.

리더 　그렇군요. 실패한 직후에는 허둥거리기 쉬우니까 조금 안정된 타이밍, 이를테면 인사 평가 면담 때 되돌아보는 것이 좋을 테고, 실제로 저는 최근 그렇게 하고 있습니다. 하지만 그때 제가 이야기하는 방식이나 말투는 더 신경 써야겠다고 선생님의 이야기를 듣고 생각했습니다. 본인이 스스로 생각할 수 있도록 한다는 것 말이에요.

선생님 　그렇습니다. 중요한 것은 문제를 어떻게 해결할 것인가에만 초점을 맞추는 것이에요. 자신을 어떻게 생각할지, 혹여나 가볍게 보이지는 않았을지, 팀원이 문제 해결과는 관계없는 것에 에너지를 쓰지 않는 것이 중요해요. 그리고 좀 전에 타이밍과 함께 지적한 말하는 방식 또한 중요합니다. 예를 들어 학교 선생님은 성적표를 한 손에 들고 "이대로라면 지망하는 학교에 합격할 수 없어"라고 말하

죠. 하지만 학생은 선생님이 말하지 않아도 그 사
실을 알고 있습니다. 시험에서 원하지 않는 점수를
받은 학생은 더 노력해야 한다는 사실을 이미 알
고 있고, 이런 실패를 반복해선 안 된다고 생각하
고 있을 것입니다.

리더　그래서 저희 아이가 제가 무언가를 지적할 때마다
"알고 있다고!"라며 목소리를 높이는 것이군요. 회
사의 팀원은 아무래도 목소리를 높이지는 않겠지
만 생각하는 내용이 비슷할지도 모르겠습니다. '당
신이 말하지 않아도 알고 있다고!'라고 말이죠.

선생님　하지만 상사이기 때문에 팀원이 같은 실패를 반복
하지 않도록 교육해야만 합니다.

리더　맞는 말씀입니다.

선생님　그러기 위해서는 우선 팀원과 좋은 관계를 맺어야
만 해요. 왜냐하면 팀원을 교육할 때 '이대로라면
어떻게 될 거라고 생각해?' 같은 방식의 말을 해야
만 하기 때문입니다. 하지 않을 수 없는 일이죠.

리더　그렇군요. 일방적으로 명령하거나 실패에 대해 추
궁하는 것이 아니라 팀원이 스스로 책임을 느끼도
록 유도하고 스스로 해결책을 생각하도록 만들어

주기 위해서는 확실히 '이대로라면 어떻게 될 거라고 생각해?', '이대로라면 곤란하지 않겠어?' 같은 방식으로 말하는 수밖에 없겠네요.

선생님 　'이대로라면 어떻게 될 거라고 생각해?'라는 방식으로 말할 때 리더와 팀원의 관계가 나쁘면 상대는 그 말을 비난이나 위협, 도발로 받아들입니다.

리더 　반대로 저와 팀원의 관계가 좋다면 이런 말도 상대의 마음에 제대로 가닿는다는 것이군요. 하지만 어떻게 하면 관계가 좋아질 수 있을까요?

선생님 　사람 간의 사이가 좋아지기 위해서는 두 가지 조건을 만족해야 합니다. 바로 존경과 신뢰입니다. 독일의 사회심리학자 에리히 프롬(Erich Fromm)은, 있는 그대로의 모습을 알아주고, 그 사람이 유일무이한 존재 즉 다른 누군가로 대신할 수 없는 존재인 것을 아는 것이 존경이라고 말했습니다. 팀원이 같은 실패를 반복하는 것은 리더의 지도 방식에 문제가 있기 때문이라고 앞에서도 말했습니다. 하지만 그것만 영향을 미치는 것은 아니죠. 팀원이 일에 임할 용기를 가질 수 있도록 도와주지 않았기 때문이기도 합니다.

리더	리더의 역할은 팀원이 자신에게 가치가 있다고 생각할 수 있도록 도와주고, 일에 임할 용기를 가질 수 있도록 도와주는 것이라고 전에도 말씀하신 적이 있습니다.
선생님	그런 도움을 주기 위해서는 이상적인 모습의 팀원이 아닌 있는 그대로의 팀원을 인정하는 것부터 시작해야 합니다. 이것을 저는 '존재 승인'이라고 부르는데요, 프롬이 말한 존경과 같은 의미입니다.
리더	기회가 있을 때마다 감사 인사를 하는 것도 존재 승인이군요.
선생님	나아가 프롬은 존경이란 상대가 그 사람답게 성장하고 발전해가도록 배려하는 것이라고도 말합니다. 입사한 사람을 회사에 적응시키는 것이 아니라 그 사람답게 성장하도록 도와줘야 한다는 말이죠. 컴퓨터 프로그램을 잘 다루는 사람은 다른 누구로도 대체될 수 있는 존재입니다. 팀원을 그런 존재가 아니라 유일무이한 존재로 바라봐주는 것이 중요하죠. 이런 의미에서 상사가 팀원을 존경할 때 비로소 회사는 발전할 수 있다고 생각해요.
리더	기성세대의 것을 답습하면 발전하지 못하니까요.

선생님　맞아요. 감성과 지성 면에서 젊은 사람들은 틀림없이 더 우수합니다.

리더　또 한 가지 조건이 신뢰였죠.

선생님　여기에서 말하는 신뢰는 조건 없는 신뢰를 뜻합니다. 믿을 수 있는 근거가 있을 때만 믿는 것이 아니라 조건을 붙이지 않고도 믿는 것이죠. 아니면 믿을 근거가 없을 때조차도 믿는 것입니다. 팀원의 무엇을 신뢰하는가에 관해 이야기해보겠습니다. 신뢰할 수 있는 것에는 두 가지가 있습니다. 하나는 그에게 과제를 스스로 해결할 힘이 있다는 것을 신뢰하는 것입니다. 팀원이 만들어야 할 자료를 리더가 대신 만들어버린다면 그건 팀원을 신뢰하지 않는다는 뜻이겠죠. 팀원에게 회의 자료를 스스로 만들 힘이 있다고 믿지 않는다는 의미입니다. 물론 실제로 그 팀원에게 일을 맡겼을 때 실패할지도 모릅니다. 하지만 리더가 자신을 믿어주지 않는다는 걸 알게 된다면 팀원은 일에 임할 용기가 꺾일 것입니다.

리더　아, 실제로 제가 대신했던 적이 있어요. 너무 중요한 회의였기 때문에 절대 잘못되어서는 안 된다고 생각해서….

선생님 그건 팀원이 실패했을 때 책임지고 싶지 않다는 생각에서 나오는 행동이에요.

리더 그렇네요. 민망하지만 사실은 저를 지키려고 했던 행동인지도 모르겠습니다.

선생님 다음으로 신뢰해야 할 것은 팀원의 말과 행동입니다. 항상 그것에 좋은 의도가 있다고 믿는 것이죠.

리더 자료 준비가 되지 않은 것에 악의는 없다고 생각하는 거군요. 거기에 대해서는 100퍼센트 신뢰하고 있습니다.

선생님 팀원이 진취적인 성격이라면 상사가 하는 말에 대항하여 다른 의견을 내세울지도 모릅니다. 리더를 가볍게 봐서 그러는 것이 아니라 일과 회사에 대해 진지하게 생각하고 있기 때문이라고 좋은 의도로 믿어야만 합니다.

리더 믿을 수 있을 것 같은 상대이기 때문에 믿는 것이 아니라 무조건 믿는다는 것이군요. 그러지 않으면 정말로 말씀하신 것처럼 좋은 인간관계를 만들 수 없을 것 같아요.

일의 난이도를 논의하라

리더 선생님의 말씀을 듣고 한번 맡긴 일에는 더 이상 손을 내밀어서는 안 된다는 것을 확실히 이해했습니다. 하지만 이대로라면 아무리 애를 써도 마감 시간을 맞추지 못할 것 같을 때는 어쩔 수 없이 상사인 제가 손을 내밀 수밖에 없는 순간이 생겨요.

선생님 두 가지를 생각해볼 수 있습니다. 하나는 그 팀원에게 마감을 지킬 능력이 지금은 없다는 것입니다. 앞으로는 할 수 있게 될지도 모르지만 적어도 지금은 힘든 것이죠. 그 경우 상사는 그 팀원에게 지금은 그런 마감이 있는 일을 맡겨서는 안 된다고 판단해야만 해요. 또 하나는 팀원에게 상사가 포기하기를 바란다는 숨겨진 목적이 있을지도 모른다는 것입니다.

리더 무의식적으로 그렇다는 건가요? 그런 생각은 전혀 못 해봤습니다. 그렇군요, 그런 경우도 있을 수 있겠네요. 젊은 직원들 중에는 마감 무렵에 완성도가 낮은 자료와 보고서를 상사에게 제출하고는 '마지막은 상사가 어떻게든 해주겠지'라고 생각하는 사람도 실제로 있는 것 같아요. 저는 상사인 제가 보고서를 수정해주면 수정본을 참고해주었으면 했던 것 같아요. 그렇게 해서 팀원이 '다음에는 내 힘으로 완벽하게 완성하자!'라는 마음을 먹으며 성장해주기를 바라는 마음이었습니다.

선생님　계속해서 마감을 지키지 못하면 중요한 일을 소화해내지 않아도 되니 편해지는 거죠. 무능력을 과시하는 것이죠. '할 수 없으니까 기대하지 마세요'라는 뜻인지도 모릅니다. 하지만 그런 경우라고 해도 그 팀원은 용기가 꺾인 상태입니다.

리더　하지만 저희 팀의 팀원이 무능력을 과시한다는 느낌은 받아본 적이 없습니다. 성실하게 일에 임하려는 의사가 있다고 생각해요. 그렇다면 제가 일을 주는 방식에 문제가 있는 걸까요?

선생님　자신의 현재 능력을 넘어서는 일을 맡게 되면 용기를 잃는 사람이 많습니다.

리더　그 부분은 정말로 고민이 됩니다. 하지만 선생님, 그렇다고 해서 쉽게 할 수 있는 일만 줘서도 안 될 것 같은데요.

선생님 　인간은 누구나 지금 능력으로는 할 수 없을 것 같다고 생각하는 일을 맡아서 해냈을 때 성취감을 얻고 성장하게 되며 자신감도 얻을 수 있습니다. 그렇기 때문에 무턱대고 어려운 일을 맡기지 않는 것은 문제입니다. 그렇다면 어느 정도의 일을 맡기면 좋을까요? 그 정도를 파악하는 일은 상당히 어렵습니다. 서서히 단계를 올리는 수밖에 없습니다.

리더 　선생님 말씀대로 공을 들이는 수밖에 없는 거군요.

선생님 　그렇습니다. 그럼 다시 마감 시간 안에 일을 끝낼 수 없다는 이야기로 돌아가 봅시다. 마감이 임박해서야 대화를 해서는 안 됩니다. 좀 더 이른 단계, 아직 문제가 표면화되지 않은 단계에서부터 서로 이야기를 나눌 필요가 있어 보입니다. 그리고 또 한 가지 잊기 쉬운 일인데요, 마감을 설정했다고 해서 거기에 맞춰 팀원이 일을 완성해주는 것이 당연한 것은 아닙니다. 그것을 당연하다고 생각해버리면 감사의 말을 건넬 수 없게 됩니다. 마감을 지켰을 때 고맙다는 말을 잊어서는 안 됩니다.

리더 　아, 정말 그렇군요. 제게는 팀원에 대한 감사가 아직 부족한지도 모르겠어요.

선생님   사회에 갓 나온 젊은이들에게는 익혀야 할 일이 수없이 많습니다. 실패하는 일도 많고, 실적이 올라가지 않는 일도 많습니다. 그것을 덮어놓고 야단 친다고 해서 하지 못하던 일을 할 수 있게 되지는 않아요. 관계만 나빠질 뿐입니다. 젊은 사람에게는 리더의 도움과 조언이 필요합니다. 그리고 이들이 도움과 조언을 솔직하게 받아들이기 위해서는 상사와 관계가 좋아야만 하죠. 우리가 쉽게 저지르는 실수는 야단을 쳐서 팀원과의 관계를 악화시킨 후에 도움을 주려는 것이에요. 그건 절망적일 만큼 불가능한 일입니다.

리더   네, 정말 그렇겠군요. 아무튼 우선은 고맙다는 인사를 하는 것이 중요하겠네요.

리더는 독심술사가 아니다

리더   선생님, 아까 나눴던 이야기로 잠시 돌아가고 싶은데 괜찮을까요?

선생님	네, 말씀해보세요.
리더	팀원의 언행에 좋은 의도가 있다고 믿는 것이 중요하다고 말씀하셨잖아요. 팀원과 좋은 관계를 만들기 위해서는 상사가 팀원에게 존경과 신뢰를 가져야 한다, 신뢰에는 두 가지 종류가 있고, 하나는 팀원에게 과제를 스스로 해결할 힘이 있다고 믿는 것, 다른 하나는 팀원의 언행에 좋은 의도가 있다고 믿는 것이라고요.
선생님	네, 그렇습니다.
리더	그중에서 팀원의 언행에 좋은 의도가 있다고 믿는 것이 저는 매우 어렵습니다. 팀원에게 어떤 말을 들을 때마다 '나를 신뢰하지 않아서 저런 말을 하는 걸까?' 하고 저도 모르게 나쁜 방향으로만 생각하는 버릇이 있어요. 제가 좀처럼 좋은 의도가 있다는 걸 믿지 못하는 사람이라는 걸 깨달았어요.
선생님	그 문제는 타인의 마음을 읽지 않으면 해결됩니다.
리더	그런가요?
선생님	이것은 누구에게나 해당하는 조언이 아니라 마음을 지나치게 읽는 유형의 사람에게만 해당됩니다. 애초에 다른 사람의 마음을 조금도 생각하지 않

는 사람도 현실에는 많습니다. 그런 사람에게 타인의 마음을 읽지 않으면 된다고 조언했다가는 큰일이 나죠. 타인의 마음을 읽는 것은 중요한 일이고 리더에게 꼭 필요한 일이기도 합니다만 과도하게 타인의 마음을 읽으면 일을 제대로 할 수가 없습니다. 현실에서는 팀원이 상사의 언행을 나쁜 방향으로만 받아들여 상사를 나쁜 사람 취급하는 일이 빈번하게 일어납니다. 바람직한 일은 아니죠. 마찬가지로 리더도 팀원의 마음을 읽는 것이 아니라 팀원의 협력을 얻어 일을 해내야 합니다. 어떻게 해봐도 팀원의 마음을 자꾸 읽게 된다면 특히나 의식적으로 좋은 의도가 있다고 생각해야만 해요. 팀원이 일부러 상사가 곤란해질 만한 일을 한것이 아니라고 생각하는 것이죠. 좋은 관계를 만들어놓으면 리더의 대응에 문제가 있을 때 팀원이 뒤에서 험담하는 대신 의연한 태도로 알려주게 될것입니다.

리더 그렇다면 젊은 팀원의 이야기로 돌아가보겠습니다. 왜 매번 그 사람이 회의 자료를 마감 시간까지 완성하지 못하는지 저는 전혀 이해할 수가 없습니다. 그래도 거기에 어떤 좋은 의도가 있다고 믿으라고 선생님은 말씀하셨어요. 그렇다면 그가 상당히 꼼꼼하게 자료를 만드느라 시간이 걸려서 그런 것뿐이라거나, 그 사람은 그저 일정 관리를 잘하지 못할 뿐이라고 생각해야 하는 건가요?

선생님 그렇습니다. 그렇게 팀원의 좋은 의도를 믿으려고 노력하는 상사만이 좋은 관계를 만들 수 있어요.

리더 그렇군요. 그 부분은 조금 어렵네요. 팀원이나 후배의 발언을 한번 부정적인 의도로 받아들이면 점점 상대를 신뢰할 수 없게 되거든요.

선생님 자주 있는 일이죠.

리더 그럴 때 저도 조금 감정적이 되긴 하는데요, 실제로 상대의 본심은 그렇지 않았던 적이 많을까요?

선생님 물론 상사가 부정적으로 생각하도록 상대가 의도했을 가능성도 있어요. 리더와의 관계가 더 이상 가까워지지 않았으면 좋겠다는 생각이 상대에게 있고, 리더 역시 상대와 깊은 관계를 맺고 싶지 않기 때문에 상대의 언행 중에서 부정적인 것들을 찾아내는 것일지도 모릅니다. 조금 껄끄러운 팀원이 있어서 거리를 두고 싶기 때문에 거리를 둘 이유가 필요한 것이죠. 그럴 때 상대의 언행에서 마이너스 요소를 찾아내 거리를 두는 무의식이 작용했을 수도 있습니다.

리더 음… 별로 인정하고 싶지는 않지만 그런 부분이 있을지도 모르겠네요.

선생님 그렇다고 해도 기본적으로 일은 일일 뿐이에요. 누가 말하느냐가 아니라 무엇을 말하고 있는가에 주목하는 자세는 중요합니다. 젊은 팀원의 의견이라 해도 내용이 적절하다면 받아들여야 하고, 상사나 선배의 의견이라고 해도 터무니없는 이야기라면 틀렸다고 말할 수 있는 용기를 갖춰야만 해요. 이것이 '누가'가 아니라 '무엇을'을 고르는 것이고, 일에 있어서 기본이 되는 자세입니다. 그렇기 때문에 일을 할 때는 감정적인 것들을 차단한다고 할까요, 감정적인 쪽으로는 눈길을 주지 않으려는 노력이 섬세한 성격의 사람에게는 중요합니다. 특히 부정적인 감정으로 쉽게 기울어질 때는요.

리더 누가 말하느냐가 아닌 무엇을 말하고 있는가를 중요하게 생각하라는 지침은 마음이 든든해지네요.

선생님 저도 젊은 팀원들과 일하면서 자주 생각하는데요,

젊은 세대는 지성과 감성 부분에서 기성세대보다 훌륭합니다. 그렇기 때문에 젊은 팀원과 함께 일할 때 당신의 생각이 반론을 받는 것은 당연한 일이고, 그것이야말로 일의 참다운 즐거움이라고 생각하는 편이 좋아요. 상사가 말하는 대로만 움직이는 팀원과 함께 일한다면 따분하겠다는 생각이 들지 않으세요?

리더 그렇네요. 팀원이 세세한 부분까지 하나하나 판단해달라고 할 때면 '좀 알아서 판단해!'라고 비명을 지르고 싶어져요.

선생님 거기에 비하면 조금 건방진 젊은 팀원과 일하는 것은 즐겁죠. 물론 인격이 좋은 것도 중요하지만 '하는 말이 옳은가'를 판단 기준으로 삼는 것은 일에 있어서 중요합니다.

리더 서로 간의 신뢰가 만들어져 있을 때 비로소 젊은 팀원도 의견을 말할 수 있겠죠?

선생님 그렇습니다.

리더 반대로 젊은 팀원이 솔직하게 말해주기 때문에 상사도 안심하고 신뢰 관계를 쌓을 수 있죠.

선생님 그렇습니다. '이런 말을 하면 상사가 뭐라고 생각할까?' 같은 생각들이 많아지면 팀원은 아무것도 말해주지 않게 되겠죠. 젊은 사람들은 실패를 두려워하기 마련이에요. 그렇기 때문에 실패와 인격은 전혀 관련이 없다는 것을 말해줄 필요가 있습니다. 특히 우등생 스타일의 젊은 팀원에게요. 어렸을 때부터 실패의 경험을 많이 해온 사람은, 그것이 꼭 좋은 것이라고는 생각되지 않지만, 강인합니다. 하지만 좌절해본 경험이 적은 우등생 스타일의 사람은 사회에 나온 후 처음 경험한 실패로 인해 두 번 다시 일어나지 못할 가능성이 큽니다. 이런 사람에게 리더는 잘못을 지적해야만 합니다. 하지만 그 지적은 일에 대한 것일 뿐 절대 사람 자체에 대한 것이 아니라는 것을 확실하게 전달해야만 해요. 그 점을 확실하게 이해했다면 우등생 스타일의 젊은 팀원도 실패를 두려워하지 않게 되어 배포가 큰 사람으로 성장합니다. 반대로 우등생 스타일의 젊은 팀원이 처음으로 경험한 실패에서 상사나 선배가 깐깐하게 야단치거나 화를 내면 무엇을 하더라도 상사와 선배의 지시만을 기다리는 사람이 될 가능성이 높아집니다. 하나하나 지시를 받은 후에야 일을 진행하면 큰 실패는 피할 수 있을지 모르지만 독창성이 빈약하고 배포가 작은 사람이 됩니다. 그것도 아주 곤란한 일이죠.

리더 그렇네요. 말씀을 들으면서 저희 팀에서 다양한 어려움을 겪고 있을 젊은 친구들의 얼굴이 떠올랐습니다. 아니, 어려움이라는 말은 쓰면 안 되겠군요. 개성이 다양한 젊은이들이죠. 다양한 저희 팀원들 개개인의 가능성을 어떻게 꽃피울 것인가 하는 부분이 제가 지금 직시해야만 하는 과제겠어요.

미움받을 용기부터 버려라

리더 그렇다면 상사나 리더에게도 어떤 의미에서 '미움받을 용기' 같은 것이 필요할까요?

선생님 상사의 위치에 있는 사람이 미움받을 용기를 가지는 것은 그다지 좋지 않습니다.

리더 뭐라고요? 리더는 미움받을 용기를 가져서는 안 된다니 충격입니다.

선생님 　미움받을 용기는 제가 이전에 책으로 써서 화제
　　　　가 된 말인데요, 지금은 의미가 제멋대로 왜곡되
　　　　고 있다는 느낌이 들어요. 그 말을 통해 저는 모두
　　　　에게 '미움받으세요'라고 말한 것이 아니에요. 제
　　　　가 미움받을 용기라는 메시지를 보내고 싶었던 사
　　　　람은 약한 입장에 있는 사람들, 직장으로 말하자면
　　　　직급이 낮은 직원들입니다. 그런 사람들에게는 말
　　　　하고 싶은 것이 있어도 좀처럼 말하지 못하는 상
　　　　황이 분명히 있어요. 그 사람들에게 상사의 안색을
　　　　살피지 않고 말하고 싶은 것을 말하고, 말해야 할
　　　　것을 말할 수 있도록 용기를 내야만 한다고 말해
　　　　주고 싶었습니다. 미움받을 용기를 가져야만 하는
　　　　사람은 예외 없이 다정한 사람이에요. 다른 사람의
　　　　기분을 지나치게 잘 알아채서 과할 정도로 주의를
　　　　기울이는 사람입니다. 저는 그런 사람들에게 자신
　　　　의 말 때문에 다른 사람이 동요하거나 일이 조금
　　　　복잡해지더라도 정말로 해야만 하는 말은 할 줄
　　　　알아야 한다고 말해주고 싶었던 것입니다.

리더 　저도 다른 사람이 어떻게 생각할지를 지나치게 신
　　　　경 쓰는 면이 있어요. 그래서 말해야만 할 것을 말

할 용기를 가져야 한다는 생각도 자주 합니다. 말하자면 상사에 대해서인데요, 제가 중간관리직이기 때문에 상사와 팀원 사이에 끼여 곤란한 상황도 자주 있어요. 그럴 때 팀원을 위해 목소리를 높이는 상사가 되고 싶어요. 현실에서는 물론 어렵지만요.

선생님   그럴 때는 연대하는 자세가 필요하다고 생각합니다. 자신이 여기에서 말해야만 할 것을 말할 용기를 가지면 지지해주는 사람이 분명히 있을 거라고 신뢰해야만 합니다. 고립되어 아무런 도움도 받지 못하는 것이 아닙니다. 상황은 변해간다는 것을 꼭 알았으면 합니다. 제가 미움받을 용기라는 표현을 사용한 것에는 그런 의미도 있었습니다만 오해하는 사람도 많은 것 같아요. 직급이 낮은 직원에게 미움을 받더라도 말해야 하는 것은 말해야만 한다고 생각하는 리더는 갑질을 일삼을 가능성이 높고, 팀원의 생각에 귀를 기울이지 않을 것이라 생각합니다. 그렇기 때문에 그런 입장에 있는 사람은 오히려 미움받을 용기를 가져서는 안 되는 것이죠.

리더   하지만 지금까지 하신 말씀을 들어봤을 때 선생님께서 생각하시는 이상적인 리더의 모습은 벽이 조금 높은 것처럼 느껴집니다. 뭐라고 할까요, 리더가 되면 성인군자가 되어야만 하는 걸까 싶은 인상을 받았습니다. 선생님이 생각하는 이상적인 리더는 무슨 일이 있어도 팀원을 혼내지 않고, 명령하는 어투도 사용하지 않습니다. 그렇다고 해서 팀원의 비위를 맞추려는 칭찬의 말도 해서는 안 되죠. 물론 선생님의 리더론에는 공감할 뿐만 아니라 저도 그런 리더가 되고 싶다고 생각해요. 다만 실제로는 팀원이 자신에게 무엇이든 솔직하게 이야기해주기를 바라며 매일 노력해도 저처럼 애초에 사람을 잘 사귀지 못하는 내성적인 사람은 여간해서 그 거리를 좁힐 수가 없어요.

선생님 아들러는 '불완전할 용기'라는 말을 했습니다. 불완전할 용기를 가져야만 한다고 생각해요. 제 이야기를 듣고 무엇을 해야 하는지 이해했다면 할 수 있는 것부터 실천했으면 합니다. 그런 리더가 되기 위해서는 성인군자가 되어야만 할 것 같다고 생각하는 사람은 해야만 하는 일을 실행하지 못하는 자신을 정당화하기 위해 그런 생각을 하는 것일 뿐이에요. "말씀은 잘 알겠습니다, 하지만⋯"이라고 반론하는 사람은 배운 것을 실천하려는 마음과 할 수 없을 것 같다는 마음이 대립하고 있는 것이 아니에요. '하지만'이라고 말한 순간부터 하지 않겠다고 결심한 것이죠. 그러므로 '성인군자가 되어야만 하는 걸까?' 같은 생각을 하지 않을 용기를 가져야만 합니다.

리더　그렇군요.

선생님　그렇다고 해서 하룻밤 사이에 변하는 것은 불가능하죠. 예를 들어 지금까지 팀원을 혼내기만 했던 사람이 갑자기 팀원을 혼내지 않을 수 있는 건 아닙니다. 예전에는 하루에 세 번 팀원에게 화를 냈다면 이제는 하루에 한 번만 화를 내는 식으로, 단계적으로 자신을 바꿔나가는 노력을 한다면 그것만으로 충분해요. 예전에는 욱하는 마음이 생기자마자 화를 냈다면 최근에는 욱하는 마음이 생겼을 때 스스로를 돌아보게 되었다는 것만으로도 상당한 발전입니다.

리더　스스로 칭찬해줘야 하나요? 아, 그런데 칭찬해서는 안 된다고 하셨죠. 역시 그저 용기를 가져야 하는 걸까요?

네, 스스로도 용기를 가져야만 합니다. 사다리도 놓지 않은 채 한 번에 꼭대기까지 올라가는 일은 불가능하기 때문에 한 걸음씩 이상적인 모습을 향해 걷기 시작하는 용기를 가져야만 합니다. 다양한 사람들과 이야기를 하다 보면 자주 듣는 말이 있습니다. '머리로는 알겠다'는 말이에요. 그렇다면 머리로 먼저 이해해주세요. 머리로 이해하지 못하는 일은 절대 실천할 수 없어요. 머리로 이해한 후에 자신이 할 수 있는 것부터 조금씩 해가면 됩니다. 하루아침에 자신을 바꾸는 일은 불가능하더라도 그런 불완전한 자신까지 받아들일 수 있는 용기를 가지길 바랍니다. 불완전해도 더 나아져야겠다고 생각하며 실천하는 리더를 보게 된다면 팀원은 용기를 얻을 것입니다. 자신도 저런 사람이 되고 싶다고 생각하게 되죠. 이건 저에게도 어려운 일이었습니다. 아이가 어렸을 때 자주 제게 달려와 제 미간을 손으로 누르며 말하곤 했어요. "요즘 아빠 미간에 주름이 생겼어"라고요. 아이들은 관찰을 아주 잘합니다. 밖에서는 "야단쳐서는 안 된다, 화내서는 안 된다"라고 말하면서 집에서는 지금 화를 내고 있지 않느냐고 아이에게 여러 번 지적받고는 했습니다. 그럴 때는 발뺌하지 말고 알려줘서 고맙다고 대답해야 합니다.

리더 아, 그때도 감사 인사를 해야 하는 것이군요.

선생님 팀원들에게도 미리 말해두면 좋아요. 이제부터 화내지 않겠다고 선언해두면 팀원들은 분명히 '지금 화내셨어요'라며 알려줄 것입니다. '지금의 저는 불완전하지만 얼마 전 팀원들을 무조건 혼내서는 안 된다는 것을 배웠습니다. 그래서 앞으로는 태도를 바꿔보려고 결심했습니다. 잘 부탁드립니다'라고 선언하면 됩니다.

리더 그런 후에 지적받았다면 알려줘서 고맙다고 하는 것이군요.

선생님 성인군자가 되지 않아도 괜찮습니다. 완벽하게 해내지 못하더라도, 조금이라도 변하려는 상사의 모습을 봤을 때 팀원들도 분명히 저런 방식으로 살아가고 싶다는 생각을 할 것입니다. 대개는 팀원들이 오히려 더 쉽게 실천해서 상사가 뒤처지지만요.

리더 이제야 알겠어요. 인간은 불완전하고, 그렇지만 역시나 불완전한 자신을 조금이라도 바꿔보려는 의지를 가지고 있어요. 별것 아닌 것처럼 느껴지더라도 그렇게 조금씩 앞으로 걸어간다면 확실히 변하는 부분이 있을 거예요.

선생님   그렇습니다.

리더   제가 지금 선생님의 말씀을 납득할 수 있는 것은 아이의 일이 있었기 때문입니다. 선생님과 만난 후 저는 아이를 대하는 방법을 바꿔야겠다고 결심하고 적어도 고자세로 혼내는 것만은 그만두자고 다짐했어요. 그래도 물론 고압적으로 혼내는 일은 종종 있었지만 변하려는 노력은 하고 있고, 그 노력으로 아이와의 관계는 이전보다 훨씬 좋아졌어요. 제가 바뀌려고 한다는 것을 아이가 나름대로 이해해주고 있다고 생각합니다.

선생님   자녀분은 분명 부모의 변화를 바로 알아챘을 거라고 생각해요. 그것만으로도 부모와 자녀의 관계는 크게 변합니다. 그런 깨달음이 부모와 자녀 사이의 관계를 개선하는 데 큰 힘이 됐을 겁니다. 리더와 팀원의 관계에서도 비슷한 일이 일어납니다. 원래 다 그런 거라고 생각하면 인간은 아무것도 바꿀 수 없게 됩니다. 제 이야기를 이상론이라고 말하는 사람이 상당히 많아요. "그렇게는 절대 할 수 없어"라는 말도 자주 듣습니다. 하지만 이상은 현실과 다르기 때문에 이상이라고 불리죠. 놀랍게도 현실을 인정하는 것만으로는 현실을 바꿀 수 없습니다. 아이와 팀원을 혼내지 않는 것이 힘들다는 식으로 말하며 현재 상황을 긍정해버리면 아무것도 바뀌지 않습니다. 부모가 잘 안다는 듯이 설교해도 아이는 조금도 바뀌지 않습니다. 아이는 어른의 말이 아니라 어른의 행동에서 배웁니다. 그렇기 때문에 부모가 하는 말에 행동이 동반되지 않으면 냉랭한 시선으로 보게 되죠. 리더와 팀원의 관계에서도 마찬가지입니다.

리더　　그렇군요.

선생님　그리고 처음에 말씀하셨던 내성적인 성격과 이상적인 리더가 되는 것 사이에는 아무런 관련이 없습니다. 직장에서 사람들과의 거리를 반드시 좁혀야만 하는 것은 아니라고 생각해요. 업무일 뿐이기 때문에 개인적인 인간관계처럼 거리를 반드시 좁혀야 할 필요는 없습니다. 그 부분을 지나치게 신경 쓰다 보면 회식에 꼭 참석해야만 한다는 식의 압박이 됩니다.

리더 그런 압박은 받고 싶지 않아요.

선생님 업무상 신뢰 관계를 쌓으면 개인적 거리도 자연스럽게 좁혀집니다. 무엇보다도 이 상사는 신뢰할 가치가 있다고 생각할 수 있는 사람이 되면 충분합니다. 그 결과 거리는 자연스럽게 좁혀질 것이기 때문에 무리해서 거리를 좁히려고 생각할 필요는 없습니다.

리더 그렇군요. 일을 잘하면 인간관계는 그 뒤에 자연스럽게 따라오는 것이군요. 그렇게 생각하니 마음이 한결 편합니다. 특히 저처럼 다른 사람과 잘 어울리지 못하는 사람은 말이죠.

신뢰를 담은 리더의 말

리더 선생님, 지금부터는 예전 이야기를 하고 싶습니다. 거의 10년 가까이 지난 이야기인데요, 저는 지금도 잊을 수 없는 일이라 어떻게 했으면 좋았을지 여쭤보고 싶습니다.

선생님 어떤 일인가요?

리더 그때 저는 재무팀에 있었어요. 그날은 후배와 함께 급여 계산을 하고 있었습니다. 그 일은 굉장히 신경을 곤두세워야 하는 힘든 업무에요. 엎친 데 덮친 격으로 저녁에는 사무실이 정전까지 됐습니다. 근무 중에 정전이라니, 제 인생에서 그 순간이 처음이자 마지막이었던 것 같아요. 회사가 입주해 있던 빌딩에 무언가 문제가 있었던 모양인데 한두 시간 만에 복구되었습니다. 전기가 복구된 후에 문득 옆을 보니 함께 급여 계산을 하던 후배가 없는 겁니다. 무슨 일이라도 있나 싶어 연락을 해봤더니 후배는 정전된 후 집으로 돌아갔다는 것이었어요. 그날 마쳐야 할 급여 계산이 아직 끝나지 않았는데 말이죠. 저는 깜짝 놀라서 후배와 전화 통화를 하던 중에 "뭐? 왜 퇴근했어?"라고 큰 소리를 내고 말았습니다. 비난할 마음도 조금은 섞여 있었던 거라 생각합니다. 결국 그날 후배는 회사에 돌아오지 않았고, 저 혼자서 늦게까지 야근을 해 급여 계산을 어찌어찌 끝냈습니다. 일을 하는 와중에도 머릿속에는 의문이 가득했어요. 정전이 되었다고는 해도 어째서 후배는 중요한 일을 회사에 남겨두고 집으로 돌아갔을까? 어째서 전기가 복구된 뒤에도 회사에 돌아올 생각을 하지 않았을까? 어째서 맡은 일을 확실하게 끝내려는 책임감이 없을까? 선배인 내가 어떻게 행동했어야 했을까? 이런 의문들에 대한 답은 지금도 찾지 못했어요.

선생님 상당히 어려운 질문이군요. 아들러의 말을 빌리면 '왜?'라는 질문에 대해서는 심리학자라고 해도 답하기 어렵다고 합니다. '왜 당신은 그런 일을 했습니까?'라고 물었을 때 확실한 대답을 내놓는 것은 아주 어려운 일입니다. 정전이 된 후에 왜 자신이 집에 돌아갔는지 후배도 잘 몰랐을 거예요. 그저 놀란 마음에 어떻게 해야 좋을지 몰라 퇴근했을지도 모르고, 어떤 다른 이유가 있었을지도 모르죠. 앞으로의 일을 생각하는 수밖에 없어요. 과거의 언행에 대한 이유를 묻는 일은 그다지 의미가 없습니다. 먼저 퇴근해서는 안 된다는 것을 후배가 몰랐을 리는 없으므로 야단을 친다고 해도 효과는 없었을 거예요. 그 일이 있은 후에 후배에게 할 말은 이런 것이면 충분했다고 생각합니다. '우리가 지금 하고 있는 일은 중요한 일입니다. 다행히 이번에 큰 문제는 생기지 않았고 해야 할 일은 끝냈습니다. 하지만 오늘 해야 할 업무를 혼자서 하는 것은 힘들었습니다. 어떻게 해야 좋을지 판단이 안 될 때는 사전에 저와 의논해줬으면 합니다.'

리더   후배가 저와 의논하기 어려웠던 이유가 있을까요?

선생님   실제로 어땠을지는 몰라요. 모르지만, 지금까지 있었던 일을 되돌아보면서 스스로 확인해보는 수밖에 없어요. '나와 의논하기 어렵다고 느끼는 부분이 있어요?'라고 후배에게 한번 물어봐도 좋고요.

리더   그거야말로 쉽지 않은 일이네요. 하지만 못 물어볼 것도 없겠어요. 음, 물어봐야겠다고 생각했다면 물어봤을 것 같아요.

선생님   앞에 했던 말의 반복이기는 합니다만, 사회에 갓 나온 사람들은 익혀야 할 일이 아주 많기 때문에 실패도 많이 합니다. 일이 잘 풀리지 않는 경험을 많이 하기 마련이에요. 그렇기 때문에 선배로서 어려운 일이 있을 때는 편하게 말해달라고 평소에 이야기해둘 필요가 있습니다.

리더 그 후배는 아마도 급여 계산을 하는 일이 어렵고, 자신이 잘하지 못할 거라는 선입견 같은 것이 있었는지도 모르겠어요. 어쩐지 도망치고 싶다고 생각했던 것 같아요.

선생님 그렇군요.

리더 그래서 저도 평소에 "아직도 끝내지 못했어?"라는 식으로 말하며 후배에게 압박을 줬는지도 모르겠어요. 이런 것도 정전이 되었을 때 후배가 도망친 원인 중 하나일지 모르겠습니다.

선생님 그럴 수도 있겠네요. 그래도 그렇게 퇴근해서는 안 되는 일이었다는 것은 후배에게 이야기해야만 합니다. 추궁하는 것이 아니고요. 지금 하신 이야기는 앞에서 말한 '왜?'의 대답에 해당한다고 생각합니다. '왜?'에 대한 대답은 실제로는 '목적'입니다.

리더 '왜?'가 목적이라…. 어떤 행동의 이유가 사실은 목적이라는 말인가요?

선생님 사람의 무의식은 다른 사람에게 듣기 전까지는 대체로 모르고 흘러가는 경우가 많습니다. 다시 말해 그 사람에게 다시 한번 물어보면 그때 비로소 이런 이유가 있었을지도 모른다고 생각하게 되는 것이죠. '정전이 일어나 깜깜해졌을 때 혹시 오늘은 더 일하지 않아도 괜찮겠다고 생각한 것은 아닌가요?'라고 그에게 묻는다면 '아, 그랬을지도 모르겠네요.'라고 대답할 정도의 무의식이에요. 그런 이유를 캐내는 것은 그다지 의미가 없습니다. 상사 입장에서는 이 사람이 어떤 이유를 만들어서든 업무에서 도망치고 싶다고 생각하는 사람이라는 것은 알아둬야만 하겠죠. 그런 경향을 안다면, 할 수 없을 것 같은 일이 주어졌을 때 솔직하게 말해줬으면 좋겠다고 이야기할 수 있습니다. 할 수 없는 일이 있을 때는 함께 이야기를 나눠보자고 제안할 수 있어요. 아이들이 가끔 학교에 안 갈 거라고 말할 때가 있습니다. 그럴 때는 반드시 머리나 배가 아프다고 하죠. 꾀병이 아니라 정말로 증상이 나타납니다. 정말로 머리나 배가 아파지는 것이죠. 왜냐하면 아이들에게는 학교를 쉴 이유가 필요하기 때문입니다. 아들러 심리학에서는 쉴 이유가 필요하기 때문에 실제로 증상이 나타나는 것이라고 말합니다.

리더　이유를 만들어서라도 일에서 도망치려는 그 후배와 같은 건가요? 저도 예전에 아이가 등교 거부를 해서 선생님께 상담을 했던 적이 있습니다만….

선생님　저희 아이도 학교에 안 나가고 싶다고 말한 때가 있었어요. 학교를 쉴 때는 보호자가 학교에 연락을 해야만 하죠. 아이가 마음대로 학교에 연락을 해서 '오늘은 쉬겠습니다'라고 말할 수는 없어요. 그래서 저는 아들에게 물어봅니다. "네가 오늘 학교에 안 간다고 연락하려고 하는데, 뭐라고 하면 좋을까?"라고요. 그러면 아들은 "배가 아파서 쉰다고 연락해주세요"라고 대답합니다. 분명하게 이유를 알려주죠. 그러면 저는 "아들이 오늘은 배가 아파서 학교를 쉬겠다고 하네요"라고 전달하죠. 저는 "아이를 오늘 하루 쉬게 하겠습니다"라고 말하지 않았습니다. 왜냐하면 오늘 학교를 나갈지 나가지 않을지는 부모의 과제가 아니라 아이의 과제이기 때문입니다. 그래서 아들이 쉬겠다고 한다는 식으로 이야기하는 것입니다. 원래 아이가 학교를 쉬고 싶을 때 이유는 필요 없습니다. 이유가 없으면 부모님이 인정해주지 않기 때문에 아이들이 이유를 만드는 것인데, 아이가 학교를 안 나가고 싶다면 그냥 그렇게 해주면 된다고 생각합니다. 저는 아들에게 말했습니다. 학교를 안 나가고 싶을 때는 쉬겠다고만 말해주면 학교에 연락하겠다고요. 그랬더니 놀랍게도 아들은 배가 아프다고 말하지 않더군요. 앞의 경우에서도 정전이라는 이유를 찾아서까지 일에서 도망치지 않아도 괜찮다는 것을 후배에게 먼저 알려주었으면 해요. 이 일이 버겁다거나 자신의 능력치를 넘어서는 일이라고 생각한다면 솔직히 말해주기를 바란다고 말해두는 것이 좋습니다. 그리고 리더는 지금 그 사람에게 적합한, 지금 능력에 맞는 일을 맡기려는 고민을 해야만 합니다. 그것이 말씀하신 케이스에서 리더가 할 수 있는 일이에요.

리더　　상대의 능력을 상대의 협력을 얻어서 가늠한다는 것인가요?

선생님　경험이 많은 사람일수록 '이 정도 일은 할 수 있겠지?'라고 생각하기 쉽습니다. 게다가 리더로서 기대치가 높은 사람이라면 더욱 다른 사람에 대한 기대치도 높을 것이라고 생각합니다. 하지만 리더가 생각하는 '이 정도의 일' 중에 젊은 직원에게는 '할 수 없는 일'도 있기 마련입니다. 그래서 그럴 때는 할 수 없을 것 같다고 말해주기를 바란다고 미리 이야기해두는 것이죠. 팀원이 할 수 없을 것 같다는 말을 해준다면, 그때는 어떻게 하면 할 수 있을지를 설명해줄 수 있습니다. 제대로 설명해주면 생각하는 것만큼 어렵지 않다는 것을 깨달을 수 있을지도 모릅니다. 물론 간단한 일은 아니겠지만 해보면 지금 자신의 능력으로도 힘들 정도는 아니라고 생각할 가능성이 있습니다. 후배는 일의 어려움을 과대평가했기 때문에 정전이 됐을 때 도망친 걸지도 모릅니다. 그렇기 때문에 할 수 없는 것, 모르는 것이 무엇인지 분명하게 확인한 후 확실하게 순서를 알려줘야만 합니다.

리더 그런데 다시 곰곰이 생각해보니 그때 후배는 그 일이 어려워서 할 수 없겠다고 생각했던 게 아닌 것 같습니다. 이런 단순한 업무는 자신이 할 일이 아니라고 생각했던 것 같아요.

선생님 그것도 본인에게 직접 생각을 물어볼 수밖에 없어요. 본인은 그렇게 생각했지만 그 일이 사실은 아주 중요한 일일 수도 있기 때문입니다.

리더   맞아요!

선생님   제가 예전에 정신과 의원에서 카운슬러로 일할 때의 일을 말씀드릴게요. 한번은 상사에게 접수 업무를 하라는 지시를 받은 적이 있어요. 카운슬링 일정이 없을 때는 접수 업무를 봐달라는 지시였습니다. 저는 원하지 않는 일이었어요. '카운슬러로 취직했는데 왜 접수 업무를 해야만 하는 걸까? 접수는 원래 내 일이 아닌데'라고 생각했죠. 하지만 나중에 생각해보니 이 주장은 제가 그 일에서 도망치고 싶었기 때문에 만들어낸 이유에 지나지 않았습니다. 그리고 접수 업무를 하면서 깨달았죠. 접수 업무는 제가 생각했던 것보다 훨씬 더 어려운 일이었습니다. 큰 병원에는 종합 접수대가 있죠. 컨디션이 좋지 않은데 어느 과에서 진료를 받으면 좋을지 모르는 사람이 종합 접수대에 찾아와 자신이 어느 과에 가면 좋을지를 상담합니다. 그런 종합 접수는 간호사 중에서도 대체로 수간호사 수준의 가장 우수한 사람이 담당해요. 왜냐하면 종합 접수대에서 환자의 질문에 대답하기 위해서는 다양한 병에 대해 잘 알아야만 하고, 병원의 구조도 잘 알아야만 하기 때문입니다. 제가 근무하던 정신과 의원의 접수대도 마찬가지였습니다. 이런 사실을 깨달았을 때 저는 접수 업무를 오히려 자진해서 해야겠다고 생각했어요. 사회에 나온 지 얼마 안 된 사람에게는 일의 의미에 대한 설명이 반드시 필요합니다. 급여 계산에 대해서도 이것이 누구나 할 수 있는 단순한 업무라고 생각할지 모르겠지만 그렇지 않다는 것을 확실하게 설명해주지 않으면 젊은 직원은 쉽게 이해하고 받아들일 수 없을 거예요. 직접 이야기해보지 않으면 알 수 없어요. 그때는 어떻게 하셨나요?

리더　　그때는 확실하게 말해주지 못했어요. 다만 그 후에 함께 일을 하면서 후배가 그 일에 대해 '이것은 나처럼 우수한 사람이 할 일이 아니다'라고 생각했다는 사실을 알게 되었습니다.

선생님　일의 경중을 가리는 사고방식은 좋아하지 않습니다만, 어떤 일이라도 기본을 확실히 할 수 있는 사람만이 더 어려운 일, 더 중요한 일을 맡을 수 있습니다. 그래서 후배를 질책하는 대신, 이 일을 할 수 없다면 더 어려운 일도 맡기기 어렵다는 것을 냉정하게 말해야만 합니다. 후배의 실력이 앞으로 더 좋아질 것이고, 그때 더 중요한 일을 맡길 생각이라는 것과 그러기 위해서는 기본부터 확실하게 배워둬야 한다는 것을 담담하게 전할 수 있어야 합니다.

리더   네, 그렇군요.

선생님   사람은 누구나 상대가 자신을 중요하게 여기고 신뢰했으면 합니다. 그건 아주 본능적인 것이죠. 이 점을 알고 있었다면 그날의 상황이 조금 달랐을지도 모르겠습니다.

리더   그때 저와 후배 사이에 있었던 본질적인 과제는 그런 것이군요. 제가 존경과 신뢰를 담아 후배를 대하면서 과제에 협동하여 대처하는 자세를 취했다면 선생님 말씀대로 정말 무언가 달랐을지도 모르겠습니다. 오래전 일이지만 이야기를 듣고 보니 괜히 아쉬운 기분이 들기도 하네요. 그래도 이래저래 10년 가까이 품고 있던 답답함이 오늘 조금 풀린 것 같습니다. 감사합니다.

카리스마보다 중요한 것은 언제나 협력이다

리더 　선생님, 최근에 저보다 나이가 많은 팀원의 일로도 고민하고 있습니다. 입사한 지 오래된 직원이라 성과를 올리지 않으면 좋은 평가를 할 수 없다는 것이 경영진의 입장인데요. 정작 중요한 성과를 올리지 못하고 있어요. 제가 생각할 때 그 직원에게 능력이 없지는 않아요. 오히려 상당히 능력 있는 사람이라고 생각해요. 그런데도 실력을 제대로 발휘하지 못하는 지금 상황이 안타깝습니다. 무엇이 문제인지는 대충 보여서 제안 같은 것도 하고 있어요. 하지만 그 사람의 자존심을 생각하면 아주 직접적으로는 말할 수가 없어요. 좀 더 분명하게 말하는 편이 좋을지도 모르겠다는 생각도 드는데 어떻게 하면 좋을지 고민하고 있는 상황이에요.

선생님 　업무에서는 능력만 있다고 해서 반드시 좋은 성과를 올릴 수 있는 것은 아닙니다.

리더 　정말 그래요. 그 직원은 약간 장인 기질이 있어서 고집스러운 부분이 있어요. '조금만 다른 사람의 조언에 귀를 기울여주면 좋겠는데…'라고 저를 포함한 팀원 모두가 생각한답니다. 하지만 그럭저럭 능력이 있고 스스로에 대한 자부심이 높으면서 고참인 직원에게는 아무도 쉽게 의견을 말할 수가 없어요. 이럴 때 어떻게 하면 좋을까요?

선생님 이 문제에는 몇 가지 과제가 얽혀 있습니다. 먼저 조금 기초적인 이야기를 해볼게요. 리더는 크게 두 가지 타입으로 나눌 수 있어요. 하나는 업무라는 과제에만 관심이 있는 과제 달성형 리더, 또 하나는 업무라는 과제보다는 오히려 대인 관계에 관심이 있는 대인 관계형 리더입니다.

리더 그렇군요. 확실히 그런 차이는 있네요. 지금까지 함께했던 여러 상사의 얼굴이 떠오릅니다.

선생님 어느 쪽이 좋고 나쁘다는 이야기가 아니에요. 다만 대인 관계형 리더 중에는 '이런 말을 하면 그 사람의 자존심에 상처를 입히지 않을까?'라는 생각을 하는 바람에 팀원이 실패하더라도 그것을 지적하지 못하는 사람이 있습니다.

리더 저도 어쩌면 그런 타입일지도 모르겠어요.

선생님 업무상 실패라면 본래 인간관계는 우선순위에서

두세 번째로 미뤄도 괜찮아요. 상사가 팀원의 실패를 지적하는 것은 망설일 필요가 없어요. 업무상의 피드백이라는 걸 확실히 하고 명백한 실패라고 말해야만 합니다. 하지만 대인 관계를 신경 쓰는 타입의 상사는 아무래도 그 순간에 논조가 둔해진다고 할까요, 말을 머뭇거리는 경향이 있습니다. 실패했을 때와 마찬가지로 팀원이 자신의 능력을 충분히 발휘하고 있지 않을 때도 그것에 대해 상사는 확실하게 설명해야만 합니다. 이것이 리더의 과제 중 하나입니다.

리더　명심하겠습니다. 그것이 한 가지 과제라면 또 다른 과제는 무엇인가요?

선생님　또 한 가지는 리더에게 가혹한 말이겠지만, 팀원이 충분히 능력을 발휘하지 못한다면 그것은 역시 상사의 책임이라는 것입니다. 다시 말해 교육이 부족했거나 확실히 지도하지 못하고 있는 것입니다. 상사가 자신과는 관계없다는 듯이 팀원의 능력과 노력 부족을 질책하는 것은 안타깝지만 결국 자신을 질책하는 것과 다르지 않다는 사실을 깨달아야만 합니다.

리더	확실히 그렇겠네요. 팀원에게 무능하다고 말하는 순간 리더로서 자신이 무능하다고 인정하는 셈이군요.
선생님	바로 이 부분이 부모, 자식 관계와는 크게 다른 부분이에요. 상사와 팀원의 관계에서는 '과제의 분리'가 통용되지 않습니다.
리더	과제의 분리는 아이 일로 선생님께 상담을 받았을 때 몇 번인가 들은 이야기입니다.
선생님	예를 들어 아이가 공부를 하지 않는다고 해도 그 결과는 모두 아이의 책임이지 부모의 책임이 아닙니다. 공부라는 아이의 과제에 대해 부모는 전혀 개입할 필요가 없습니다.
리더	그것이 아들러 심리학에서 과제의 분리라고 불리는 것이죠.
선생님	과제를 분리할 수 있다면 부모와 자녀 관계는 그것만으로 좋아집니다. 아이가 공부하지 않아도 부모는 전혀 잔소리할 필요가 없고, 아이의 성적이 나쁘더라도 부모는 전혀 신경 쓸 필요가 없기 때문입니다. 저도 아이들에게 공부하라고 말한 적이 한 번도 없습니다. 제가 공부하라고 말하지 않아도

아이들은 스스로 판단하여 열심히 공부하기도 하고, 공부가 아닌 다른 것에 관심을 보이기도 하면서 학창 시절을 보냈습니다. 어느 쪽이 되었든 공부를 하거나 하지 않는 것은 아이의 과제이지 부모가 참견할 일이 아닙니다. 가령 성적이 점점 떨어진다고 해도 그것에 부모가 관여할 필요는 없습니다.

리더 네, 저희도 선생님이 가르쳐주신 과제의 분리로 많은 것이 해결되었습니다. 과제의 분리가 아니었다면 저는 아직도 아이와 매일 전쟁을 치르고 있었을 거예요.

선생님 하지만 직장에서 팀원의 실적이 오르지 않는다거나 팀원이 실패만 계속하고 있는데도 상사가 이것은 팀원 개인의 문제라고 말할 수는 없습니다. 업무와 관련된 문제는 상사와 팀원의 공동 과제로 삼아야만 합니다. 학교 선생님도 마찬가지입니다. 학교 선생님에게도 과제의 분리는 통용되지 않습니다. 예를 들어 학교 선생님이 아이의 성적표를 들고 가정 방문을 했는데 '이 학생은 제 수업을 따라올 수 없는 것 같습니다. 그러니 학원에 보내세요'라고 말한다면 어떨까요?

리더   그거야말로 정말 직무유기라고 할 수 있겠네요. 정
　　　말 학교 선생님으로부터 그런 말을 듣는다면 너무
　　　황당할 것 같습니다.

선생님   그렇습니다. 아이가 학교 수업을 따라가지 못한다
　　　면 그것은 본래 선생님의 지도법에 문제가 있기
　　　때문입니다. 선생님이 이해하기 쉽게 수업을 했다
　　　면 학생의 성적은 올라가겠죠. 자신의 수업 방식을
　　　돌아보지 않고 학생을 학원에 보내라는 것은 본말
　　　전도입니다. 직장에서도 마찬가지입니다. 리더가
　　　문제라고 생각하는 팀원이 리더의 예상대로 높은
　　　능력치를 가지고 있다면 리더는 그 팀원이 능력을
　　　발휘할 수 있게끔 해야 합니다. 팀원이 성과를 올
　　　리지 못하는 것을 팀원 개인의 문제로 파악하는
　　　것이 아니라 지도하고 있는 자신의 문제로 파악하
　　　고 본인의 지도법에 개선의 여지가 있는지 확인하
　　　거나, 적어도 우리의 문제라고 생각하고 문제를 풀
　　　어나가야 합니다.

리더   그렇게 스스로의 지도법에 문제가 있다는 것을 깨
　　　달았다면 어떻게 하는 것이 좋을까요?

선생님 상사로서 팀원을 어떻게 이끌어주면 좋을까 하는 문제 말이죠? 이렇게 말해보는 방법이 있다고 생각합니다. '요즘 일하는 모습을 보면 능력을 충분히 발휘하지 못하는 것 같은데, 한번 이야기를 나누고 싶어요.' 하지만 아시다시피 그런 말을 듣기 싫어하는 사람도 있겠죠. 그런 말을 듣는 팀원도 싫을지 모르겠지만, 모진 말을 하기 어려워하는 상사도 있을 것입니다. 그렇다면 부모가 자녀에게 이렇게 말한다면 어떨까요? 아이도 마찬가지로 반발할 겁니다. 자신도 그 사실을 알고 있기 때문이죠. '공부해야 하는데…'라고 생각하는 와중에 부모나 선생님에게 이런 말을 들으면 그것을 자신에 대한 비난, 위협, 도전으로 받아들일 것입니다. 다만 그것은 어디까지나 부모와 자녀의 관계가 좋지 않을 때 이야기입니다. 부모와 자녀의 관계가 좋다면 이런 말을 들어도 아이는 그것을 비난, 위협, 도전이라고 생각하지 않습니다. 상사와 팀원의 관계에서도 마찬가지입니다. 이런 관계를 부모는 아이와, 상사는 팀원과 만들어야 합니다.

리더 그렇군요. 부모 자녀 관계와 다른 것 같지만 비슷한 부분도 있군요. 기본적으로 좋은 인간관계가 갖춰진다면 모질게 느껴질 수 있는 지적도 할 수 있는 거군요.

선생님 팀원과 좋은 관계를 만들어놓으면 쓸데없는 에너지 소모를 하지 않아도 되고, 나아가 그 과제에 대해 상사로서 팀원과 협력하여 해결하기도 쉬워질 것입니다.

리더 맞는 말씀이라고 생각합니다만 현실적으로는 어려워요. 지금까지의 경험을 되돌아봐도 상대에게 과제를 잘 전달했다고 생각했는데 실제로는 역시나 전달되지 않았다는 것을 깨닫는 일이 몇 번이나 있었습니다. 확실하게 말하는 것이 그리 쉽지 않아서요. 그럴 때 커뮤니케이션 방식은 어떻게 하면 좋을까요? 훈련할 필요가 있겠죠. 상대의 자존심에 상처를 주지 않으면서 말하고자 하는 바를 확실하게 전달하는 훈련 말이에요. 균형을 잡는다고나 할까요. 아, 정말 어려운 일이에요.

선생님 분명 어려운 부분이긴 합니다.

리더 제가 생각하기에 팀은 우선 서로의 목적과 목표가 같습니다. 이 일을 해서 좋은 결과를 낸다는 공통의 목적이 있습니다. 그 점을 이해할 수 있도록 표현한다면 더 잘될 것 같아요.

선생님　지금 지적하신 부분에 덧붙이자면 팀원의 언행에서 감사할 만한 것에 주목하려고 노력해야 합니다.

리더　팀원의 언행에서 감사할 만한 것에 주목하라고요? 굉장히 어려운 이야기인 것 같은데요.

선생님　앞에서도 한번 나왔던 이야기입니다만, 예를 들면 팀원이 오늘 출근한 것도 당연한 일이라고 생각하지 않는 것입니다.

리더　맞아요. 팀원이 출근해준 것만으로도 충분히 고마운 일이라고 선생님께서 말씀하셨죠.

선생님　그렇습니다. 모든 것이 당연하지 않은 일이라고 생각하면서 팀원에게 이야기를 건네봅시다. 별것 아닌 것 같은 그런 노력이 상사에게는 필요합니다. 물론 상사는 아무래도 팀원에게 이상적인 모습을 원합니다. 그리고 팀원은 그것이 불가능하다고 생각합니다. 그렇게 용기가 꺾인 사람이 많아요. 팀원의 실적이 좋지 않아도 괜찮다고 말하라는 것이 아니에요. 일할 때는 물론 좋은 결과를 내야만 합니다. 하지만 팀원이 결근하지 않고 출근한 것만으로도, 집에서 컴퓨터를 켜고 재택근무를 시작하는 것만으로도 감사한 일이기 때문에 고맙다는 말을 자주 했으면 합니다. 상사라면 그런 말을 착실하게 했으면 좋겠습니다. 제가 좀 전에 능력을 발휘하지 못하는 팀원이 있다면 그것은 상사의 책임이라고 말했죠.

리더　네, 상사로서 상당히 가혹한 말로 들렸습니다.

선생님　거기에 더해 상사에게는 팀원의 가능성까지 주목하는 태도가 반드시 필요합니다.

리더　아, 중요한 포인트군요. 상사로서 정곡을 찔린 것 같은 기분이 듭니다. 다시 말해 지금은 할 수 없더라도 미래에 할 수 있게 될지도 모르는 일을 기대하고 평가한다는 것일까요?

선생님　네, 그렇습니다. 직장이라는 곳이 최근에는 정말로 힘든 장소가 되었습니다. 옛날이었다면, 예를 들어 저희 아버지 세대였다면 평생직장이 보장되어 입사 후 10년, 20년 동안 눈에 띄는 성과를 내지 않더라도 쫓겨나지는 않았지만, 지금은 가능한 빨리 성과를 내야만 합니다. 대학에서 학생을 가르치는 교수도 지금은 1년에 몇 편의 논문을 써서 학회에 발표하지 않으면 고용이 지속되기 어렵다고 합니다. 확실히 눈에 보이는 형태로 성과를 남기고 그 성과를 어필하지 않으면 직장에서 살아남지 못하는 사회가 되었습니다.

이렇게 가혹한 사회에서 팀원의 미래 가능성까지 주목할 수 있는 리더가 되어주길 바랍니다. 물론 팀원이 상사의 기대를 충족시키기 위해서 일하는 것은 아닙니다. 그래도 상사가 자신을 받아들여준다고 생각하면 업무에 더 힘을 쏟겠죠. 팀원이 그런 마음을 갖고 있지 않다면 그것 또한 상사의 책임입니다. 저는 존재 승인이라는 말을 종종 사용하는데, 존재 승인이란 그 사람이 살아 있는 것 자체에 가치가 있음을 인정하는 것입니다. 일의 성과와는 별개로 당신의 존재 자체에 가치가 있다는 것을 분명하게 전할 수 있기를 바랍니다. 이것은 부모와 자녀의 관계에서도 마찬가지입니다.

리더   정말 그렇겠어요. 부모와 자녀의 관계로 고민하고 있을 때도 마지막에는 존재 승인이 답이었는데요, 팀원과의 관계에서도 존재 승인이 중요하군요.

선생님   부모는 아이가 병들었든 아니든, 자신의 이상과 같든 다르든, 성적이 좋든 나쁘든, 일을 하든 하지 않든 상관없이, 아무튼 살아 있다면 그것만으로도 고마울 것입니다. 그것을 확실히 말로 전해야만 합니다. '오늘도 너와 지낼 수 있어서 행복했어'라는 말을 해야만 합니다. 하지만 많은 부모와 상사가 아이나 팀원에게 이상적인 모습을 강요하곤 합니다. 그리고 그런 이상적인 모습을 달성할 수 없다고 생각한 아이나 팀원은 노력하는 것조차 포기해버리죠. 물론 현실에서는 지금 이대로 좋지 않은 일도 있지만요.

리더 네, 그렇습니다.

선생님 하지만 지금 이대로 괜찮다, 지금 이대로 가치 있다는 말에서부터 모든 것은 시작됩니다. 부모 자녀의 관계뿐만 아니라 리더와 팀원의 관계도 말이죠.

리더 정말로 그래요. 아이에 대해서도 팀원에 대해서도 존재 승인을 할 수 있는 부모이자 리더가 되고 싶어요. 다시 한번 그런 마음을 되새겼어요. 그런데 그런 마음을 표현하는 말이라고 하면 역시 '고마워'일까요? 이 말 이외에 할 말이 떠오르지 않는 것도 요즘 조금 고민됩니다.

선생님 고맙다는 감사 인사가 제일이에요. 어떤 때라도 고맙다는 말을 해야 해요. 그 무엇도 당연한 일은 없다고 생각해야 해요. 모든 것은 당연한 일이 아니라 감사한 일이에요. 그러므로 고맙다는 인사를 해야 합니다. 감사 인사는 칭찬과는 전혀 다른 표현이에요. 장하다거나 대단하다는 말과는 달라요. 고맙다는 말은 상대의 무언가가 자신에게 공헌했다는 것을 전하는 말입니다. 인간은 공헌감을 느낄 수 있을 때 자신에게 가치가 있다고 생각합니다. 그리고 자신에게 가치가 있다고 생각할 때 자신에게 능력이 있다고 생각할 수 있습니다. 직장에서 자신에게 능력이 있다고 생각할 수 있으려면 자신에게 가치가 있다고 생각해야만 하고 가치가 있다고 생각할 수 있으려면 공헌감을 가져야만 하는 것입니다. 그런데 이 공헌감을 가지기 위해서는 누군가의 도움이 필요합니다. 그것이 바로 상사의 역할입니다. 그래서 상사가 고맙다는 말을 착실히 해줄 때 자신이 공헌하고 있다는 것을 느낀 팀원은 분명히 상사에게 신뢰감을 얻을 것입니다.

리더 그것이 앞에서 말씀하신 '이대로라면 어떻게 될 거라고 생각해?'라는 말을 사용해도 괜찮은 관계, 그런 상사의 말을 들어도 팀원이 그것을 비난, 위협, 도전이라고 느끼지 않는 관계라는 말이군요. 그런 인간관계를 만들기는 쉽지 않겠지만, 벽이 높더라도 저는 그런 상사를 목표로 하고 싶습니다.

선생님 그렇습니다. 그리고 팀원에게 감사할 일에 주목하는 자세이기도 하죠. 그런 태도를 평소에 착실하게 취하지 않으면 일을 할 때 엄격하게 말할 수 없고, 그야말로 지금 고참 팀원에 대해 우려하고 있는 것처럼, 제안을 했을 때 팀원은 자존심에 상처를 입었다고 느낄지도 모릅니다. 반대로 상사가 그런 노력을 착실하게 한다면 업무에 대한 것으로 조금 모진 말을 하더라도 팀원은 자존심에 상처 입었다고 생각하지 않겠죠. 단지 업무상 실수를 지적받았다고 느낄 뿐 자신이 쓸모없게 느껴지지 않을 것입니다. 갑질을 일삼는 상사는 그런 착실한 노력을 하지 않는 사람입니다. 팀원에게 어떤 일을 시켜도 못한다며 인신공격을 퍼부을 뿐이죠.

리더 역시 기본적인 인간관계가 중요하군요.

선생님 놀랍게도 갑질하는 상사의 대부분은 대인 관계형

입니다. 업무를 업무로 확실하게 구분하지 못하는 상사가 자주 팀원을 공격합니다.

리더   아픈 곳을 찔린 것 같습니다. 대인 관계형 상사란 일이라는 과제 이상으로 대인 관계에 관심을 두는 상사이죠. 그리고 일이라는 과제에만 관심을 가지는 것이 과제 달성형 상사라고 하셨습니다. 사실 저는 스스로가 과제 달성형 상사라고 생각했습니다. 하지만 선생님과 이야기를 나누면서 실제로는 대인 관계형인 부분도 있었다는 것을 깨달았습니다. 지금 하신 말씀은 제 정곡을 찌르네요.

선생님   과제 달성형 상사 아래에서 일하는 편이 팀원에게는 편할 것입니다. 일만으로 평가하는 상사가 함께 일하기에는 편할 거라고 생각해요. 대인 관계형이 많은 직장에서는 회식에도 참석해야만 하죠.

리더   하지만 대인 관계형과 과제 달성형 상사의 차이에 대해 선생님은 어느 쪽이 좋거나 나쁜 문제가 아니라고도 말씀하셨죠.

선생님   결국 모두가 함께 일을 잘하고 있다면 그것으로 충분하다는 말입니다. 다만 자신과 동료들이 어느 타입인지를 알아두는 것은 도움이 된다고 생각해요. 대인 관계에 집착하는 상사나 팀원이 있을 경우, 절차를 확실하게 세워두지 않으면 다툼이 일어날 수 있습니다. 예를 들어 새로운 일을 시작하려고 할 때 대인 관계형 상사가 나는 들은 적 없다며 화를 내는 일이 생길 수도 있습니다. 이런 문제에 있어서는 사전에 협의한다거나 대책을 세워둔다면 해결할 수 있죠.

리더　이야기가 길어졌네요. 큰 도움이 되었습니다.

회사의 위기에 직면하는 자세

리더　선생님, 다른 곳에는 알리고 싶지 않은 이야기인데요, 최근에 저희 회사의 실적이 좋지 않습니다. 코로나의 영향을 받은 모양입니다. 꼭 코로나 때문이 아니더라도 변화가 많은 시기이기 때문에 새로운 것을 시도해야만 한다고 생각하지만, 제가 근무하는 회사는 아무래도 조금 보수적인 부분이 있어요. 회사의 실적 악화에 직면하여 저희 팀도 1년 목표

치가 높아지고 경비 절감을 요구받는 등 압력이
강해져서 상당히 괴롭습니다.

선생님 코로나 때문에 벌어진 많은 일은 전례가 없는 것
들이죠.

리더 네, 말씀하신 대로입니다. 이런 시대에는 리더십의
방식도 변해야 하는 것 아닌가 싶어요.

선생님 전례가 있는 일과 없는 일에 대한 대응 방법은 각
각 다릅니다. 과거에 같은 사례가 있어서, 그것을
참고하면서 어떻게 대응하면 좋을지 생각해 대처
하는 일은 잘하는 사람이 많을 것이라고 생각합니
다. 사람들은 전례가 있는 일에 대해서는 결국엔
답이 나올 것이며 과거의 사례를 참고하면 거기에
반드시 어떤 해결의 실마리가 있을 것이라는 사실
을 알고 있습니다. 그런 유형의 상황을 직면했을
때 힘을 발휘할 수 있는 사람은 지금까지도 많았
습니다. 이른바 수재형 리더들이죠. 하지만 코로나
에 관해서는 예상할 수 있는 것이 아무것도 없습
니다.

리더 정말로 그래요. 직장에서도 코로나의 영향이 앞으
로 어떤 방향으로 향할지, 저는 물론이고 아무도

예상하지 못하고 있습니다.

선생님 리더도 팀원도 미래의 일을 전혀 알지 못하는 이
상황에서는 어떻게 해야 할까요? 우선 리더에게도
자신이 답을 가지고 있지 않다는 것을 솔직히 인
정하는 용기가 필요합니다. 답을 모르는데도 알고
있는 것처럼 행동하면 오히려 신뢰를 잃어버립니
다. 이렇게 생각해보면 어떨까요? '답이 없을지도
모르는 때, 혹은 준비를 할 수 없을 때일수록 진정
한 실력을 발휘할 수 있다.' 제가 강연을 할 때 가
장 긴장되는 순간은 후반의 질의응답 시간입니다.
혼자서 이야기하는 전반부는 사전에 준비만 잘한
다면 무난하게 해낼 수 있습니다. 그런데 질의응답
은 준비를 전혀 할 수가 없어요. 어떤 질문이 나올
지 알 수 없기 때문입니다. 하지만 그런 때야말로
저의 실력을 제대로 발휘할 수 있다고 생각합니다.
리더도 마찬가지입니다. 스스로 답을 알 수 없어
마땅한 준비를 할 수 없을 때야말로 실력을 발휘
할 수 있는 때라고 생각하면 됩니다. 또 한 가지 중
요한 것은 팀원에게 근거 없는 안도감을 심어줘서
는 안 된다는 것입니다. 전례가 없는 상황에 놓였

을 때 낙관주의는 위험합니다. 팀원에게 괜찮다고, 우리는 어떻게든 이 위기를 극복할 수 있을 것이라고, 근거 없는 말을 해서도 안 됩니다. 무슨 일이 일어날지 모른다는 전제를 세워야만 합니다. 그리고 근거 없는 안도감을 주기 위해서 정보를 은폐해서는 더더욱 안 됩니다. 전에 회사의 실적이 악화되었다고 말씀하셨죠. 저도 코로나 이후에 일이 상당히 줄었습니다. 비슷한 일은 여기저기에서 일어나고 있습니다. 회사 안에서도 진실을 숨기지 않고 솔직하게 전하는 것이 리더의 역할입니다.

리더   나쁜 정보를 전하는 것은 어렵고, 어떤 타이밍에 전하면 좋을지도 망설이게 됩니다.

선생님   코로나 감염 확대 초기 일본의 확진자 수는 유럽이나 미국에 비해서 적은 수에 머물렀습니다. 제대로 대처하고 있는 것처럼 보였지만 사실은 아니었습니다. 그런데 아무것도 하지 않은 국가의 리더가 그것이 마치 자신의 덕인 것처럼 말하는 일이 있었습니다. 회사에서도 마찬가지입니다. 우연한 행운을 상사가 마치 자신의 능력인 것처럼 말한다면 팀원들의 신뢰는 바닥나겠죠.

리더   네, 흔히 있는 일입니다.

선생님   다른 사람의 공로를 빼앗아서는 안 된다고 생각합니다. 그리고 함께 위기를 극복해가는 것이 중요합니다. 이런 때일수록 리더는 어떻게 될지 모르겠지만 조직과 팀원들을 위해서 최선을 다하고 있다는 것을 확실히, 그리고 선명하게 보여줘야만 합니다. 코로나 감염 확산 초기에 유럽은 일본과 비교해 확진자 수도 사망자 수도 상당히 많았습니다. 그러나 리더에 대한 국민의 신뢰도는 일본보다 높았을 것으로 생각합니다.

리더   아, 독일의 전 총리인 앙겔라 메르켈(Angela Merkel)의 연설은 저도 기억하고 있습니다. 동독 출신인 메르켈 총리가 이동의 자유라는 가치를 강조하면서도 행동에 제약이 생기는 것에 대한 이해를 부탁한 메시지는 일본에 있던 제 마음까지 울렸습니다. 주위에서도 그렇게 느낀 사람이 많았습니다. 하지만 확실히 당시 독일의 상황은 일본보다 훨씬 나빴습니다.

선생님   말씀하신 독일의 사례에서 생각해볼 수 있듯이 리더십은 결과와 관계가 없습니다. 어느 회사에서나

이 위기를 극복하고 경영적으로도 아무런 문제가 없는 상황이 된다면 물론 가장 좋겠지만, 최악의 사태를 맞이하게 된다고 해도 이런 리더라면 따르고 싶다고 생각할 수 있는 리더가 되어야만 합니다. 코로나 쇼크를 받고 있는 지금은 리더가 그런 부분까지도 생각해야만 합니다.

리더   하지만 지금의 힘든 상황을 솔직하게 전하면 모두가 불안해하지 않을까 싶어서 여러 가지 생각이 들고 망설이게 됩니다.

선생님   네, 그럴 거예요. 분명 용기가 필요하죠.

리더   그래도 역시 용기를 가지고 솔직하게, 숨기지 않고 세세하게 밝힌 후에 모두 함께 힘을 내자는 의지를 만들어가는 것이 중요하겠군요.

선생님   그렇습니다. 리더가 자신만 지키려 해서는 안 됩니다. 조직을 위해서 그리고 팀원들을 위해서 일하는 것이 리더입니다. 그러기 위해서는 근거 없는 낙관주의를 내세워서는 안 됩니다. 이와 관련해서 아들러는 '공동체 감각'이라는 말을 사용했습니다. '소셜 인터레스트(social interest)', '타인에 대한 관심'이라고 번역할 수도 있습니다. 조직의 리더뿐만 아니라 너무나 많은 사람이 지금 자신밖에 관심이 없습니다. '지금 일어나고 있는 일이 나에게 어떤 의미가 있을까?'라는 것만 생각하는 사람이 많아요. 그런 가운데 리더는 적어도 타인에게 관심을 가지고 타인을 위해 자신이 무엇을 할 수 있을까를 생각해야만 합니다. 그 부분을 팀원들에게 확실히 전하는 시간을 가질 필요가 있을 것 같습니다.

리더 　하지만 힘든 상황을 숨기지 않고 밝히면 팀원들역시 불안해질 것 같아요. 그 부분은 어떻게 대응하면 좋을까요? 이럴 때 어떤 말을 해주면 좋을까요? 사람마다 받아들이는 정도가 다르기 때문에고민이 됩니다.

선생님 　네, 맞아요. 그렇지만 역시나 리더라면 최소한 불안해하지 않아도 괜찮다는 식의 말을 해서는 안됩니다. 불안을 호소하는 팀원에게 상사가 그렇게말한다고 해서 큰 용기를 얻지는 못할 거예요. 상황을 제대로 설명한 후에 모두가 함께 극복하자는식의 입장을 취해야 합니다. 앞에서부터 리더에게큰 부담이 되는 말을 하고 있습니다만, 제 생각에리더는 팀원들을 인솔할 필요가 없습니다. 위기를 극복하기 위해 리더 혼자 나설 필요도, 자기희생을 강요받을 이유도 없습니다. 우리가 무엇을 할 수 있을지 함께 생각해보자고 말하는 것이 '민주적인 리더십'입니다. 어떻게 될지 나도 모르겠다는 것을 솔직하게 이야기하면 된다고 생각합니다. 이런 리더라면 팀원들로부터 신뢰받을 수 있습니다.

눈치가 아닌 언어로 대화하라

리더   코로나와 관련된 고민은 또 있습니다. 요즘은 재택근무가 많아지고 있잖아요. 저희 회사도 정책이 바뀌어서 한 달에 한두 번만 회사에 나가는 것이 평범한 일이 되었습니다.

선생님   네, 그렇군요.

리더   출퇴근 시간도 절약되고 합리적이라는 것은 알지만 역시 팀원의 얼굴이 바로 보이는 곳에 있지 않은 것은 리더로서 불안합니다. 가벼운 소통이 대폭 줄어들다 보니 팀원이 사소한 질문을 하기 어려워지기도 하고, 상사는 팀원이 무엇을 고민하고 있는지 몰라 조언도 하기 힘들어진 느낌이에요.

선생님　그렇군요. 그런데 저는 재택근무가 더 확대되어야 한다고 생각합니다.

리더　　그런가요?

선생님　재택근무가 확대된다면 지금 만들어지고 있는 열차들은 모두 필요 없지 않을까 싶어요. 굳이 출장을 갈 필요 없이 원격으로 회의를 하면 되니까요.

리더　　그래도 역시 직접 대면하는 회의와 원격 회의는 달라서 진행을 해보니 어렵게 느껴졌어요.

선생님　이전과 같은 회의를 계속한다면 젊은 사람들은 따라오지 않을 것입니다. 옛날에는 그저 회의에 참석했다는 것만으로도 존재감을 드러내며 팀원을 압박할 수 있었습니다. 그러나 이제는 원격 회의에서 발언하지 않는다면 그런 위압감을 주기가 어렵습니다.

리더　　네, 확실히 원격 회의에서 분위기로 압박하기는 어렵습니다.

선생님　그렇기 때문에 리더는 물론 팀원도 발언할 수 있는 분위기와 상황이 만들어질 가능성이 높아요. 이것이 재택근무의 장점입니다. 그렇기 때문에 저는 온라인으로 대화하는 형태의 업무를 더 확대해야 한다고 생각합니다. 예전으로 돌아갈 필요는 없습니다. 우리는 지옥철에 끼여 긴 시간을 들여 출근하는 것을 당연하다고 생각해왔습니다. 하지만 코로나로 인해 재택근무를 시행하고 겨우 한두 달 만에 실제로 그럴 필요가 없었다는 것을 깨달았죠.

리더   그렇군요. 선생님은 재택근무 확대를 지지하는 쪽이셨군요. 저는 역시 조금 늙은 걸까요? 팀원과 직접 얼굴을 마주하면서 가볍게 이야기하고 싶은 생각이 있어요.

선생님   재택근무는 민주적인 리더십을 만들어내기 좋은 환경이라고 생각해요.

리더   리더와 팀원은 역할이 다를 뿐 어디까지나 대등한 관계라는 것이 선생님이 말씀하시는 민주적인 리더십이었죠.

선생님   네, 그렇습니다. 리더와 팀원은 대등한 관계라는 전제를 세우면 리더가 힘으로 팀원을 이끄는 것은 잘못된 일이 됩니다. 말로 협력 관계를 구축하는 것을 목표로 하는 것이 리더가 본래 취해야 할 자세라고 저는 생각합니다.

리더   그런 관계를 바탕으로 아이가 부모에게, 팀원이 리더에게 하고 싶은 말을 확실하게 할 수 있는 것이 좋은 가정이고 좋은 조직이라는 말씀이죠.

선생님   재택근무 환경에서는 그런 리더십을 만들기 쉽다고 생각해요.

리더   어째서 그런가요? 왜 재택근무를 해야 민주적인 관계가 되기 쉽다고 생각하시나요?

선생님   분위기가 없어지기 때문입니다. 재택근무 환경에서는 분위기라는 것이 없어요. 그래서 저도 처음에는 솔직히 온라인에서 다른 사람과 이야기하는 것이 익숙하지 않았고 어렵다고 생각했습니다. 코로나 감염이 확산되면서 강연회도 온라인으로 하는 일이 늘었는데, 익숙하지 않았을 때는 이 컴퓨터 너머에 150명이나 되는 사람이 모여 있다는 말이 믿어지지 않았어요. 모인 사람들의 얼굴이 보일 때도 있었지만 대부분은 청중의 얼굴이 보이지 않았습니다. 질의응답 시간에 질문하는 사람조차 목소리만 들릴 뿐이었죠. 처음에는 불안했습니다. 무엇보다 이야기를 할 때 듣고 있는 사람의 반응을 전혀 알 수 없었기 때문입니다. 무대 위 스포트라이트 때문에 객석에 앉아 있는 사람들의 표정이 전혀 안 보이는 상태와 비슷했죠.

리더   이해가 됩니다. 화상으로 소통할 때 상대방이 카메라를 꺼버리면 그가 어떤 표정으로 듣고 있는지조차 보이지 않기 때문에 불안해집니다.

선생님   그러는 사이에 저는 깨달았습니다. 이전의 강연에서는 제 이야기를 듣고 사람들이 어떤 반응을 보이는지에 따라 화제를 바꾸기도 했거든요. 예를 들어 젊은 사람이 많은 강연에서는 아이의 이야기를 해도 그다지 반응이 없어요. 그럴 때 바로 상황을 판단하여 연애 이야기로 주제를 바꾸거나 했던 것이죠. 이전에는 그렇게 할 수 있었고, 실제로 그렇게 했습니다. 이것은 어떤 의미에서 분위기를 파악하는 것이죠. 그런데 청중의 반응을 살필 수 없게 되자 분위기를 파악하는 것도 어려워졌습니다. 그리고 차라리 분위기 파악하기를 그만두자고 결심하게 되었습니다. 청중의 반응에 휘둘리지 않고 나의 이야기를 분명하게 한 후, 그것을 그들이 받아들일지 여부는 듣는 사람들에게 맡기면 된다고 결론지었습니다. 온라인 회의에서도 이런 저의 강연처럼 상사의 안색을 신경 쓰지 않고 자유롭게 발언할 수 있는 상황이 된 것입니다. 이것이 바로 재택근무가 민주적인 리더십을 촉진하는 이유입니다. 분위기가 없기 때문이죠.

리더   그렇군요. 하지만 저희 젊은 팀원이 실제로 원격회의에 대해 어떻게 생각하는지는 모르겠습니다.

선생님   대학 교수님들은 입을 모아 말합니다. 원격으로 수업을 하게 되면서 이전보다 학생들이 질문을 더 하게 되었다고요.

리더   아, 그건 저도 아는 선생님께 들은 적이 있습니다.

선생님   저도 대학에서 강의를 한 적이 있었는데, 강의 중에 질문을 요청해도 학생들은 좀처럼 질문하지 않습니다. 강의가 끝난 후에야 줄을 서서 질문하곤 하죠.

리더   그건 귀찮은 일이겠어요.

선생님   네. 강의 중에 질문해준다면 모두가 내용을 공유할 수 있습니다. 한 학생의 의문을 모두가 공유한다면 제 이야기가 충분히 전달되지 않은 부분을 보충하는 형태로 모두에게 이야기할 수 있죠. 그런데 대부분의 학생은 다른 사람 앞에서 발언하는 것을 부끄럽게 생각해서 나중에 혼자 질문을 하러 옵니다. 교사 입장에서 한 사람을 위해 오랜 시간을 내는 것은 조금 힘든 일입니다. 그렇게 30분이나 시간을 잡아먹히면 강의 중에 질문해줬으면 좋겠다고 생각하게 됩니다. 그런데 수업을 온라인으로 하게 되면서 학생들이 이전보다도 훨씬 수업 중에 질문을 많이 하게 되었다고 기뻐하는 선생님들이 많았습니다. 직장의 회의에서도 마찬가지입니다.

리더   그렇군요. 이전까지는 분위기를 살피며 부끄럽다고 생각해서 질문하지 못했던 사람이 온라인에서는 질문하기 쉬워졌다…. 듣고 보니 그런 부분도 있는 것 같습니다. 채팅 기능도 있으니까 말이죠. 저희 팀원 중에 채팅으로 소통을 잘하는 사람이 있습니다. 회의 때도 분명 말하고자 했던 것이 있었을 텐데 왜 말하지 않았을까 싶었어요.

선생님   온라인에서는 위압적인 분위기를 만들 수 없습니다. 분명한 언어로 의견을 내고 이해해야 합니다. 원격 회의는 언어로 이야기하기 위해 만들어진 것이기 때문에 거기에서 진정한 리더십이 판가름 나게 된 것이죠. 이런 계기로 분위기가 아닌 명확한 언어로 커뮤니케이션하는 상황을 만들어가야만 해요. 트위터에서 읽은 이야기인데요, 집에서 원격회의를 하는 남편의 책상에 아내가 메모 용지를 건넸는데, 거기에 '꼰대 같아'라고 적혀 있었다고 합니다.

리더   무서운 이야기네요. 저희 아이도 컴퓨터 앞에서 이야기하는 제 모습을 보고는 '밖에서는 저런 사람이었다니!' 하고 놀랐다는 것 같아요. 좋은 의미든 나쁜 의미든 회사에서는 제가 어딘가 모르게 위압적으로 이야기하는 것 같다는 말을 듣고는 움찔했습니다.

선생님   재택근무를 하게 되면 평소 집에서 보여주지 않았던 모습을 가족에게 보여주게 됩니다. 그럴 때 이야기하는 방식이 굉장히 건방지거나 위압적이라면 당연히 주의를 받는 상황도 생기겠죠. 이런 것도 재택근무 확대로 생겨난 변화 중 하나입니다.

리더   그래도 역시 팀원의 얼굴이 보이지 않는 것은 리더로서 불안합니다. 제대로 일을 하지 않는 것은 아닐까 하는 의심이 아니라, 건강하게 지내고 있는

지, 업무를 하면서 고민되는 것은 없는지 하는 걱정이 큽니다. 같은 사무실에 있을 때는 안색이나 목소리로 파악할 수 있는 부분들이었기 때문에 새삼스럽게 대면하는 것의 가치를 느꼈어요. 대면할 때는 쉽게 파악할 수 있었던 팀원의 사적인 부분이나 감정을 알 수 없어진 것에서도 어려움을 느끼고 있습니다.

선생님 그건 그렇죠. 이해합니다. 하지만 그런 업무 이외의 것은 더 이상 신경 쓰지 않아도 된다고 생각합니다.

리더 생각하지 않도록 하라고요?

선생님 굳이 생각하지 않아도 괜찮습니다. 재택근무가 확대되면 회의에 참석하고 있을 때만 업무에 집중하면 됩니다. 눈앞에 있는 컴퓨터가 회사 사람들과 이어져 있을 때만 업무에 집중하면 되고, 그 외의 시간에는 업무가 그 사람의 일상에서 큰 비중을 차지하지 않게 되는 것이죠. 어떤 의미로는 편할지도 모르겠어요. 물론 업무는 역시 대면으로 해야 하고 그 안에서의 대인 관계야말로 중요하다고 생각하는 사람에게는 재택근무가 굉장히 답답하게 느껴질 것입니다. 하지만 업무 그 자체만 놓고 생각했을 때 불필요한 시간을 전부 걷어낼 수 있다는 점은 나쁘지 않다고 생각합니다.

리더　그렇군요. 업무 이외의 생활을 중요하게 생각하는 젊은 사람들에게는 오히려 좋을지도 모르겠네요.

선생님　회식에 가지 않아도 되고요.

리더　가족 같은 회사라는 전통적인 가치관이 크게 변할지도 모르겠네요. 옛날에는 직원들끼리 여행을 가기도 했고, 사내에서 운동회를 하는 회사도 많았습니다. 신입사원 환영회나 송년회도 당연히 했고요. 이런 문화가 코로나가 길어지면서 크게 변화하고 있어요.

선생님　그렇습니다. 그리고 재택근무를 하면 가족과 함께 하는 시간이 자연스럽게 늘어납니다. 아주 중요한 변화죠. 지금까지는 일만을 위해 살아가는 것 같은 워커홀릭이었지만 이번 일을 계기로 일보다도 중요한 깃이 인생에 있다는 것을 깨달은 사람이 많지 않을까요? 예를 들어 한 사장이 회사의 운명을 건 프로젝트에 대해 임원에게 보고를 받고 있다고 칩시다. 원격으로 진행되는 그 회의에 사장은 3대가 함께 사는 집에서 참석하고 있고, 실제로 사장의 손자가 언제 어느 때 회의에 난입할지 모르게 될 수도 있습니다. 이 시대에는 충분히 있을 수 있는 일이죠.

리더   저도 비슷한 경험이 있습니다. 원격으로 진행되던 중요한 회의의 중요한 순간에 아이가 "다녀왔습니다!"라고 말하며 들어와서 긴장감을 잃어버렸죠.

선생님   하지만 그것은 우리가 전보다 인간다운 생활을 하고 있다는 증거입니다. 그런 의미에서 좋든 싫든 원격 회의가 보급된 것을 계기로 일에 대한 의미를 다시 생각해보는 기회를 얻을 수 있었던 사람이 적지 않을 것이라고 생각해요.

리더   확실히 이전에는 회사가 가족이라고 생각하는 사람들이 많았죠.

선생님   정말 그랬었죠. 그래서 지금 느끼시는 것처럼 재택근무에는 어려운 부분도 많겠지만, 그만큼 장점도 많다고 생각해요. 요즘 많은 사람이 포스트 코로나 시대에 관한 논의를 하고 있는데, 그런 것을 따로 생각할 필요는 없습니다. 오히려 코로나 이전으로 돌아가서는 안 된다고 생각하는 편이 좋아요.

최근 우리는 다양한 가치관의 변화를 경험했습니다. 그리고 새롭게 알게 된 가치관이 더 좋다고 생각한다면 이전으로 돌아가서는 안 되는 것이죠. 오늘 이야기한 내용은 일에 대해 변화한 가치관이었는데, 우리는 결코 일하기 위해 살고 있지 않다는 걸 명심해야 합니다.

리더   네, 저도 일하기 위해 살고 싶지는 않아요. 현실적으로는 생활에 필요한 돈을 번다는 측면도 있지만, 그렇다고 해서 돈을 버는 목적만으로 살고 싶다는 생각은 들지 않습니다.

선생님   그런데 제가 "우리는 일하기 위해 살아가는 것이 아니다"라고 말하면 종종 반론을 제기하는 사람들이 있습니다. 생계를 꾸리지 않으면 살아갈 수 없다고요. 이전에도 이야기했지만 저는 심근경색이라는 병을 오랫동안 앓으면서 매일 약을 먹고 있습니다. 죽을 때까지 살아 있는 한 매일 먹어야만 합니다. 그렇다고 해서 제가 약을 먹기 위해 사는 것은 아닙니다. 일도 마찬가지입니다.

리더   역시 일하기 위해 사는 것은 아니죠.

선생님   그렇습니다. 행복하기 위해 일하는 것이고, 살아

있는 것입니다. 열심히 일하고 있지만 일의 보람을
전혀 느끼지 못한다거나 조금도 행복하지 않은 사
람이 있다면 일하는 방법을 개선해야만 해요. 어쩌
면 자신에게 맞지 않는 직업일지도 모르고, 회사일
지도 모릅니다. 이번 코로나 사태로 그런 것에 대
해 생각할 수 있는 계기가 생겼다고 생각해도 되
지 않을까요?

언제나 가장 어려운 건 사람이다

가치

이상한 사람을 이상하다고 인정하기

리더　　선생님, 제가 생각지도 못하게 리더가 되었을 때 흔쾌히 받아들이지 못했던 것은 지금까지 이상한 상사를 많이 봐왔기 때문이었어요.

선생님　　그렇다고 말씀하셨죠.

리더　　그런 이상한 상사에게는 반드시 추종자 같은 사람들이 있는데, 그 사람들이 또 골치 아프다고 할까, 불쾌하다고 할까, 여러 가지로 짜증 나는 상황을 만들어요. 제가 보기에 선생님은 굉장히 다정한 사람이라서 성선설을 내세우고 있다고 생각해요. 하지만 현실 조직 안에서 일하다 보면 깜짝 놀랄 만큼 인성이 바닥인 사람도 있습니다.

선생님 당연히 있겠죠.

리더 마음에 들지 않는 사람을 따돌리기 위해 음모를 퍼트리기도 해요. 오늘은 그렇게 믿을 수 없을 정도로 무서운 사람을 만났을 때 어떻게 대처하면 좋을지 이야기를 나누고 싶습니다.

선생님 지금 혹시 어떤 특정한 사람의 이미지를 떠올리고 있지 않은가요?

리더 네, 뭐, 그렇습니다만…. 현재 프로젝트팀에서 함께 일하고 있는 사람 중에 어떤 일에도 자신이 잘못했다는 걸 절대로 인정하지 않는 사람이 있어서 아주 피곤합니다. 그 사람은 과거에 세워둔 화려한 실적이 몇 개 있어요. 거기에 자부심이 있는 것처럼 느껴지는데요, 그는 지금 자신이 담당하고 있는 분야에서 성과를 올리지 못하는 것에 대해 "거래처가 잘못했다", "팀원이 잘하지 못했다", "상사의 판단이 나빴다" 같은 말로 주위 사람을 탓하고 공격합니다. 이런 타입의 사람은 어떤 조직에나 일정 비율로 있는 법인데요, 그는 제가 본 사람 중에서도 그 정도가 심해서 주위 사람들이 상처를 입고 잘해볼 의지도 바닥나는 것 같더라고요. 정신적으로 무너지기 일보 직전인 팀원도 있어요. 그런데 본인은 전혀 신경 쓰지 않는달까, 주위 사람을 상처입히고 있다는 걸 인식조차 못하는 것 같아요.

선생님   그런 사람이 분명히 있어요. 그런 사람들은 대체로 자존심이 셉니다. 그리고 기본적으로는 무능해요. 그런 사람들이 기본적으로 무능하다는 것에 대해서는 다음에 더 자세하게 설명할 생각입니다만, 그는 틀림없이 자신이 무능한 것을 알고 있을 겁니다. 알고 있기 때문에 자신의 무능함을 숨기기 위해 다른 사람에게, 혹은 다른 일에 책임을 떠넘기고 있는 거예요. 이런 사실을 우리는 우선 알아둘 필요가 있어요. 여기에서 우리는 리더를 포함한 주위 사람들을 가리켜요. 우선 알아둔다는 말은 다시 말해 '이 사람은 이런 사람이다'라고 인식하는 것이에요. 그리고 이런 타입의 사람은 과제 달성형보다는 대인 관계형인 경우가 많아요. 자존심이 세고 무능한 사람 중에는 본래 일 그 자체보다도 일을 둘러싼 대인 관계에 관심을 기울이는 사람이 많습니다. 그런 사람이 자신의 무능함을 숨기기 위해서 주위 사람 탓을 하는 경우가 많습니다.

리더   그래서 주위 사람들을 공격적으로 대하게 되는 것이군요.

선생님   그런 사람과 만났다면 '이 사람은 이런 사람이다'라고 생각하면서 대할 수밖에 없습니다.

리더   단념해야 한다는 것인가요?

선생님   그 사람과 가까이 지내지 않아도 괜찮다면 그게 가장 좋겠지만, 일과 관련된 사람과는 그럴 수도 없겠죠. 다만 함께할 수밖에 없을 때 그 사람이 이런 사람이라는 것을 인식하고 대하는 것과 그렇지 않은 것 사이에는 굉장한 차이가 있습니다. 그 사람이 자신이 짊어져야 할 책임을 리더에게 떠넘긴다면, 리더는 그것은 틀렸고 잘못되었다고 분명하게 말해야만 합니다.

리더   그렇죠. 그 부분은 확실히 하지 않으면 안 됩니다.

선생님   그렇죠? 자신에게 유리한 주장을 내세우는 사람에게는 분명하게 말해야 합니다. 그런 말을 하면 당연하게도 분쟁이 일어날 것입니다. 하지만 그럴 때야말로 미움받을 용기가 필요합니다. 누군가가 분명하게 말하지 않으면 언제까지고 상황은 변하지 않습니다.

리더   그렇겠죠. 다시 말해 그런 사람을 변화시키고 싶어도 웬만해서는 변하지 않는다는 것이군요. 그 사람은 여러 사람에게 험담을 늘어놓는 타입으로 직속 상사를 자기 마음대로 구슬리지 못했을 때는 상사의 상사에게 직접 담판을 지으러 가기까지 합니다. 그런데 어째서인지 윗사람의 비위를 맞추는 일은 또 잘하는 거예요. 그런 사람은 어느 조직에나 있잖아요. 그런 타입의 사람이 나타난다면 '아, 또 이런 사람이 나타났다'라고만 인식하고, 말해야만 하는 것을 분명하게 말하는 수밖에 없군요.

선생님   인간은 자신이 손해 보는 일은 하지 않습니다. 자신에게 득이 되는 일만 하죠.

리더   그렇죠.

선생님   그렇다면 무엇이 득이 되고 무엇이 해가 될까요? 플라톤의 말을 빌리자면 선인가 악인가의 문제입니다만, 자신에게 무엇이 유리하고 무엇이 불리한

가에 대한 판단을 잘못하는 사람이 있어요. 다시 말해 주위 사람들이 그렇게 하면 안 된다고 생각하더라도 본인은 그게 좋다고 생각하기 때문에 그런 행동을 하는 것입니다. 지금 같은 태도를 취하는 것이 자신에게 결코 득이 되지 않는다는 것을 스스로 깨닫는다면 그 사람은 분명히 바뀔 거예요.

리더   저는 좀 전의 선생님 말씀을 그런 사람은 바꾸고 싶어도 바꿀 수 없다고 이해했습니다만 반드시 그렇지도 않다고 말씀하시는 건가요?

선생님 제가 말하고 싶은 건 그런 터무니없는 행동을 지지하는 사람들이 있다는 사실입니다.

리더   네, 확실히 있습니다. 터무니없는 그를 따르는 사람들이 말이죠.

선생님 의외로 터무니없는 말을 하거나 행동을 하는 사람의 말을 들으면 출세할지도 모른다거나 이득이 될지도 모른다고 생각하는 사람들이 있습니다. 그렇다 보니 그런 사람이 직장에서 갑질을 하는 일이 끊이지 않아요. 그래서 아까 말한 것처럼 잘못된 것은 잘못되었다고 직접 말해주고 직장의 모든 사람이 알도록 하는 수밖에 없습니다. 하루아침에 바뀌지는 않을지 모르지만 조금씩 무언가가 확실히 변해갈 것입니다.

리더   그렇군요. '이 사람은 이런 사람이다'라고 인식한 상태에서 그런 사람을 상대하는 대처법은 그 사람을 바꾸는 것을 포기한다는 의미와 같지 않은 것이군요. 그렇게 생각하니 조금 희망적입니다.

일단, 일에 집중할 것

리더   집요한 것 같아서 죄송합니다만 아직 마음에 걸리는 부분이 있어서요. 선생님께 의견을 듣고 싶습니다. 그렇게 인성이 좋지 않은 사람이 직장에서 갑질을 할 수 있는 이유가 무엇인지 다시 원인을 생각해보니 역시 회사에 일종의 사이 좋은 그룹, 윗사람들과의 연결고리가 있기 때문이라는 걸 깨달았어요. 그 사람은 직속 상사나 그 위의 상사와 사이가 좋아서 사적으로도 자주 술자리를 갖습니다. 주위 사람들이 그의 주장을 어느 정도 받아들이는 것은 그와 윗사람들의 관계를 인식하고 있기 때문이라고 생각합니다. 다시 말해 그는 어떤 의미에서 호가호위하고 있어요. 그렇기 때문에 '나는 높은 사람과 친하다. 너희보다 위에 있다', '너희가 형식적으로는 나의 상사이지만 실제로는 내 아래에 있다'는 태도를 취하고, 그것이 허용된다고 생각하니 폭언을 뱉는 것입니다. 그런 언행이 팀원들의 마음에 깊은 상처를 입히는 것이죠.

선생님   그것은 '열등감'이라는 말로 정리할 수 있습니다.

리더   열등감이라고요?

선생님   지금 말씀하신 것처럼 권력자에게 붙어서 위세를 부리는 사람에게는 자신이 본래 열등하다는 자각이 있어요. 다시 말해 자신에게는 남들 같은 능력이 없다고 생각하는 것이죠. 그래서 하는 일이 '보상(Compensation)'입니다. 여기에서 보상은 자신이 어떤 부분에서 열등하다는 인식이 있을 때 다른 측면의 일을 잘해서 보완하려는 마음의 작용을 의미하는 심리학 용어입니다. 자신의 열등감을 채우기 위해 상사에게 아첨하거나 낮은 직급의 직원들을 깔보거나 하는 일은 자주 있으니까요. 그것을 아들러는 '가치 저감 경향'이라고 말합니다. 가치 저감이란 가치를 낮춘다는 의미예요. 자신의 가치를 높이려는 노력은 하지 않고 다른 사람의 가치를 낮춰서 상대적으로 자신의 가치를 높이려는 것이 가치 저감 경향입니다.

리더 그렇군요. 그런 설명을 들으니 분명히 알겠습니다.

선생님 아들러는 '제1의 전쟁터', '제2의 전쟁터'라는 표현을 사용했습니다. 제1의 전쟁터는 일하는 곳입니다. 일하는 곳을 전쟁터라고 표현하는 것에 대해 저는 반대합니다만 아들러는 그렇게 불러요. 일을 전투라고 생각한다면 일은 전쟁터에서 해야 합니다. 그러나 전쟁터에서 자신이 유능하지 않다고 생각하는 사람들은 팀원들을 제2의 전쟁터로 불러냅니다. 전면전이 아니라 국지전에 팀원을 불러낸다는 표현도 할 수 있어요. 요약하자면 제2의 전쟁터 혹은 국지전에서 부하의 가치를 낮춰서 상사인 자신의 가치를 높이려고 하는 것이죠.

리더 상사가 갑질할 때 자주 볼 수 있는 구도예요.

선생님 국지전은 업무와는 관계가 없어요. 본래의 일과는 관계가 없는 장소에서 팀원을 매도하거나 팀원의 가치를 깎아내려서 상대적으로 자신의 가치를 높이려고 하는 것입니다. 아들러는 그런 사람들에게 열등감이 있다고 생각합니다. 그런 사람들은 잘난 척하거나 자신이 유능하다는 것을 과시할지도 모릅니다. 하지만 정말로 유능한 사람은 자신이 뛰어나다고 과시하는 행동을 하지 않습니다. 유능한 사람은 그저 유능할 뿐입니다. 갑질하는 상사를 만나는 것은 재난입니다만, 그럴 때 '이 사람은 열등감이 있구나'라고 생각하고 관계를 이어간다면 받아들이는 방식은 많이 달라질 거라고 생각해요. 다소 심한 말을 듣더라도 평정을 유지하기 쉬워지겠죠.

리더 실제로 열등감을 숨기기 위한 것이라고 생각하면 가엽게 느껴질 것도 같습니다. 하지만… 지금 이야기를 듣고 문득 의문이 생겼어요.

선생님 무엇인가요?

리더 국지전에 팀원을 불러내 괴롭히는 상사가 정말로 모두 전면전에서 무능한 걸까요? 그 부분에 저는 의문이 생겼어요. 제 친구 중에 한때 사내에서 최초의 여성 부장으로 발탁되었던 사람이 있습니다. 그런데 부장이 된 지 1년 만에 갑질로 다시 강등되었죠. 그녀가 진행한 당시 업무들을 생각해보면 전면전에만 집중했다면 승승장구했을 텐데, 어설프게 국지전에 관심을 두는 바람에 발목이 잡힌 것 같은 느낌이 들어요. 그녀가 갑질하는 경향이 있었다는 것은 친구인 저도 인정할 수밖에 없지만, 최초의 여성 부장이다 보니 주위의 질투를 받기도 했고, 그녀가 팀원에게 엄격한 태도를 취했던 것이 남성 상사 이상으로 문제시되었던 것 같습니다. 성별의 문제는 제외하더라도 그녀처럼 전면전에 집중했다면 우수하다고 평가받았을 리더가 국지전에 관심을 두는 것은 본인에게도, 회사에 있어서도 상당히 손해이고 안타까운 일이라고 생각합니다. 이런 일이 일어나는 것을 막을 대책은 없을까요?

선생님 　지적하신 것처럼 전면전에서 무능하기 때문에 국지전으로 향하는 사람만 있는 것은 아니라고 생각해요. 전면전에 집중하지 못하는 사람은 대인 관계를 중요하게 여기는 사람입니다. 그런 사람은 확실히 전면전의 일만으로는 만족하지 못할지도 모릅니다. 전면전에서 승리했을 때 국지전에서도 이기기 위해 싸우는 상황이 벌어지겠죠. 대인 관계를 중요하게 여기는 사람 중에서도 유능한 사람은 있지만, 일 외에 자리에까지 관심을 둔다는 점에서 이미 우수한 리더라고는 할 수 없습니다.

리더   본래의 일에 집중한다면 유능할 수 있는 사람이 불필요한 인간관계에 신경을 빼앗기지 않기 위해서는 어떻게 하면 좋을까요?

선생님   국지전에서는 그런 사람과 최대한 멀리하는 것이 방법일 수 있습니다. 국지전에서는 무슨 말을 듣더라도 가볍게 흘려들어야 합니다. 흘려듣는 수밖에 없어요. 그런 타입의 사람들은 국지전에서까지 주목받고 싶어 합니다. 일과 관계가 없는 부분에서도 팀원이나 거래처 사람을 호되게 꾸짖는 사람은 존재감이 있어서 존경하는 것이 아니라 그냥 어쩐지 눈길을 주게 됩니다. 그런 상황에서 대인 관계형인 사람은 점점 더 우쭐댄다고 할까요, 행동이 과해집니다. 기회가 된다면 그 사람에게 그런 행동을 하지 않아도 본인이 유능하다는 사실을 말해주고 싶습니다.

리더   다시 말해 국지전에서 그런 사람이 조용히 있기를 바란다면 국지전에서는 그 사람을 상대하지 않아야 한다는 것인가요?

선생님 상대하지 않는다기보다는 주목하지 않는 것입니다. 아이가 큰 소리를 내며 울 때와 마찬가지입니다. 아이가 큰 소리로 울면 부모는 똑같이 "그만해!"라며 소리칩니다. 하지만 아이는 주목받기 위해 그런 행동을 하는 것이기 때문에 부모가 마음을 쓰는 것은 오히려 역효과입니다. 큰 소리로 울더라도 그 행동에 주목하지 않아야 합니다.

리더 국지전에서 상대를 깎아내리는 상사는 부모의 관심을 끌고 싶어서 우는 아이와 비슷하다는 말씀인가요?

선생님 네. 그 사람이 일에 있어서 유능하다면 그런 것에 주목하지 않아야만 합니다. 갑질하는 상사라도 일을 잘한다면 그 부분에만 주목해야 해요. 자신의 일에서 스스로 유능하다는 자신감이 생긴다면 굳이 다른 상황에서 주목받으려고 하지 않겠죠.

리더 국지전에서는 상대하지 않는 대신에 전면전에서 공헌을 높이 사며 좋은 평가를 하고 감사한다는 것이군요. 좀 전에 선생님이 그런 사람들에게 굳이 그런 행동을 하지 않아도 본인이 유능하다는 사실을 전하고 싶다고 말씀하셨는데 그 의미를 지금 이해했습니다.

선생님 하루아침에 바뀌지는 않겠지만요. 국지전으로 팀원을 불러내는 사람도 기본적으로는 자신감이 없는 사람입니다. 그러므로 '이번 일로 엄청 놀랐습니다', '저도 그 정도로 할 수 있는 사람이 되고 싶습니다', '도움 주셔서 일이 잘 풀렸습니다. 감사합니다' 같은 말은 해야겠죠. 아첨할 필요는 전혀 없습니다. 아첨해서는 안 됩니다. 전면전에서 발휘한 그 사람의 업무 능력에 대해 생각한 것을 그대로 전달하기만 하면 그뿐이라고 생각합니다.

회식을 거절할 용기

리더 사실은 선생님, 회사의 사이 좋은 그룹 이야기로 또 한 가지 상담할 일이 있습니다. 얼마 전에 제가 그 그룹의 회식 자리에 초대되었습니다. 어느 회사에서나 있는 이야기라고 생각합니다만, 특정 그룹에 들어가지 않으면 출세하지 못한다는 인간관계가 있잖아요. 그 초대에 응하면 저도 그 그룹에 합류할지도 모르고, 거절하면 지금까지처럼 화려한 출세와는 인연이 없는 인생을 보내겠죠. 스스로도 바보 같다고 생각했지만 막상 그런 상황을 직면하게 되니 정말로 고민되는 선택이라 조금 심각하게 생각하게 되었습니다.

선생님　그러시군요. 저는 아주 간단해 보입니다. 지금 고민하고는 있으시지만, 마음은 이런 부류의 회식에는 참여하고 싶지 않다는 것 아닌가요?

리더　그럴까요?

선생님　그런 인간관계가 싫었기 때문에 리더가 되었을 때 그렇게나 고민했던 것이죠.

리더　네, 그렇습니다.

선생님　그렇다면 마음 가는 대로 하시면 됩니다. 그런 그룹들은 대체로 내부 결속은 강하지만 외부에 대해서는 배타적입니다.

리더　말씀하신 대로입니다.

선생님　그리고 말씀하신 것처럼 그런 그룹은 어떤 조직에나 있습니다. 저는 그런 집단에는 들어가지 않기로 오래전부터 마음먹었고, 그 집단에 들어가지 않아서 생기는 불리한 상황을 직면하더라도 개의치 않게 되었습니다. 극단적으로 들릴지 모르겠지만, 그런 집단에 속해 있지 않다고 해서 승진하지 못하는 회사라면 그런 회사에서는 일할 필요가 없어요. 단순히 인맥으로 평가받는 회사라면 빨리 헤어지는 것이 좋습니다. 스스로의 신조에 따르기 위해 그 정도 마음가짐을 갖추면 되지 않을까요? 그런 종류의 인맥을 만들지 않겠다는 생각에 동의하는 사람은 많습니다. 내심 그런 모임이 이상하다고 생각하는 사람은 많기 때문이죠. 이런 경우에는 진심에 따라 행동하면 됩니다. 그런 사람이 점점 많아지면 사회는 변할 것입니다. 사회를 건전하게 만드는 활동으로 생각하면서 그런 그룹의 회식에는 참여하지 않겠다고 결단하고 실천해야만 합니다.

리더　하지만 그런 회식에 참여하지 않으면 사람들과 잘 어울리지 못한다는 말을 듣기도 해요. 그런 말을 듣는 것은 두렵습니다.

선생님　그런 경우라면 그 사람은 친화력이 좋지는 않지만, 일은 잘한다고 느껴질 수 있도록 일에 최선을 다할 수밖에 없겠죠. 사실은 모두가 그런 삶의 방식을 동경합니다. 시시한 사람들과 어울리는 것을 피하고 일에 힘을 기울이는 삶의 방식을 동경하는 사람은 확실히 있을 것이기 때문에 그런 사람들과 연대한다는 의식이 중요합니다.

리더　아, 이것도 전면전에서 최선을 다하는 것과 같군요. 확실히 맞는 말씀입니다. 그리고 그렇게 최선을 다하는 사람은 저 한 사람이 아니라고 믿는다는 것이군요.

선생님　네, 실제로 그렇기 때문입니다.

리더　그다지 큰 목소리로 이야기 나누지는 못하지만요. 네, 이번 초대는 적당한 이유를 대면서 거절해야겠어요.

성과로 용서하지 않는 조직

리더　그나저나 회사에서 큰 성과를 올리는 사람 중에 돈의 사용 방식이 불투명한 사람이 종종 있습니다.

영업 업무를 하는 곳에서는 특히 많은 편이고요. 며칠 전에 상담한 인성이 바닥인 동료도 사실은 그런 사람 중 한 명입니다. 이런 사람들과 어떻게 관계를 맺으면 좋을까요? 업무에서 성과를 올리기 위해서는 거래처와의 관계가 중요하고, 좋은 관계를 만들고 유지하기 위해서는 회식이 필요한 상황도 있고, 그 회식비를 경비로 청구하는 것은 이해합니다. 저도 필요할 때는 사용하고 있고요. 하지만 이 동료는 가게 선택이나 금액 같은 것이 역시 도가 지나치다는 느낌이 들어요. 이럴 때는 어떻게 하면 좋을까요?

선생님 원칙에 어긋난다면 안 되겠죠.

리더 그게 참 그래요. 사실 최근에 한 사람이 친한 거래처로부터 사례금을 받고 있다는 것을 알게 되어 증거를 잡으려고 했는데 그것도 어려운 상황입니다.

선생님 그렇다면 더욱 방관해서는 안 됩니다. 그 부분은 업무적으로 확실히 해야 합니다. 그것은 부정에 해당하기 때문이죠.

리더 그렇겠죠…?

선생님 하지만 그 사람은 허용된다고 생각하는 것이죠?

리더	네, 그렇습니다. '내가 얼마나 큰 이익을 내주고 있는데!'라며 반박할 모습이 벌써 눈에 훤합니다.
선생님	우리는 그 사람의 진짜 목적이 개인적으로 먹고 마시는 것, 개인적으로 돈을 받고 싶다는 사실이라는 것을 알아야만 합니다. 그 목적을 정당화하기 위해서 스스로가 업무 성과를 올리고 있다거나 업무 성과를 올리기 위해 돈이 필요하다는 이유를 갖다 붙이는 것일 뿐이에요. 이렇게 정당하지 않은 목적이 뒤에 있다는 사실을 리더는 알아둬야만 합니다. 아무리 그 사람이 이것은 회사와 업무를 위한 것이라고 변명하더라도 그것은 틀렸다고 의연한 태도로 말할 수 있어야 합니다.
리더	그렇게 하지 못하는 상사도 의외로 많습니다. 저도 그 입장에서 확실히 말할 수 있을지 생각해보면… 잘 모르겠습니다. 물론 그렇게 할 수 있는 리더가 되고 싶지만요. 접대에 사용하는 회식비를 비롯해서 경비에서 부정을 저지르기 쉬운 사람이 승승장구하면 장래에 무언가 더 큰 부정을 저지를 것 같다는 위험을 강하게 느껴요.
선생님	그런 리스크는 있을 겁니다.

리더	이 사람은 곧 선을 넘을 것 같다는 불안감이 있습니다.
선생님	정치계에는 이런 이야기가 있습니다. '한 번 사과하면 모든 것이 원상 복구된다.' 한 나라의 리더가 그런다면 기업의 리더도 그럴 가능성이 큽니다. 위에 있는 사람들이 부정을 허락한다면 아래에 있는 사람이 부정을 그만둘 리가 없겠죠. 그러므로 일찍 부정의 싹을 잘라 없애고 싶다고 생각한다면 당연하게 그 사람이 화를 내건 조직에 풍파가 일어나건 상관하지 말고 증거를 모아서 말해야만 한다고 생각합니다.
리더	하지만 상대는 좋은 성과를 올리고 있는 사람이라서요.
선생님	이해합니다. 하지만 그런 방식으로 회사에 이익을 주는 것은 의미가 없습니다.
리더	그렇겠죠?
선생님	부정을 저질러서 득을 보는 삶의 방식이 보잘것없고 행복하지 않은 것과 마찬가지입니다. 사람은 결국 자신에게 득이 되는 행동만 한다고 앞에서 이야기했습니다. 그러므로 부정을 저질러서 이득을

얻으려고 하는 사람이 있다면 그것을 허락하지 않는 전례를 만드는 것이 중요합니다. 이것은 보여주기식이 아니라 단순히 원칙을 바탕으로 조직을 운영하는 것일 뿐이에요.

평가와 가치는 구분되어야 한다

리더   생각해보면 저는 중간관리직이라 리더인 동시에 구성원이기도 해요. 그래서 최근에 상당한 충격을 받은 일이 있었어요. 며칠 전 인사이동에 따른 환영회 겸 송별회로 오랜만에 부서에서 작은 회식 자리가 마련되었습니다. 그때 술을 마신 탓도 있겠지만 직속 상사로부터 상당히 신랄한 말을 들었거든요. 구체적으로 동료의 이름을 들면서 "어째서 너는 그 녀석처럼 되지 못해?", "그 녀석이라면 이럴 때 이런 식으로 했을 거야"라고 모두가 있는 자리에서 비교를 당했어요. 비교당하는 것은 상당히 괴로운 일이라 어떻게 기분 전환을 해야 좋을지 지금도 모르겠어요.

선생님 　그런 상사에게는 이렇게 말하면 됩니다. '당신은 그렇게 생각하시는군요.' 타인과 비교해서 자신의 가치를 깎아내리는 말을 들었다고 해도 그것은 그 상사가 내린 평가일 뿐이에요. 그 평가와 자신의 가치는 별개의 것으로 나누어 생각해야만 합니다. 직장에서뿐만 아니라 사적으로도 '넌 너무 기분 나쁜 사람이야' 같은 말을 듣는다면 누구라도 침울해질 것입니다. 하지만 그것은 그 사람이 자신에 대해 내린 평가일 뿐입니다. 그런 식의 말을 들었다고 해서 진짜 본인의 가치가 떨어지는 것은 아니에요. 마찬가지로 '너는 너무 좋은 사람이야'라는 말을 연인에게 들으면 기분이 좋아서 날아갈 것 같을지도 모르지만 그것 또한 연인의 평가일 뿐 그 말로 인해 당신의 진짜 가치가 높아지는 것은 아닙니다.

리더 　그렇군요. 누군가의 평가와 절대적인 가치는 다르다고 스스로를 다독이면 되는군요.

선생님 　저희 딸이 취업 활동을 하면서 여러 회사에서 불합격 통보를 받았습니다. 그런데도 아무렇지 않은 얼굴을 하고 있기에 저는 속으로 아이가 상당히 강하다고 생각했습니다. 하지만 어느 날 저녁을 함께 먹을 때 아이가 "아무렇지 않아 보이지만 나도 기가 많이 꺾였다고"라는 말을 해서 깨달았습니다. 기가 꺾이겠죠, 계속해서 불합격한다면요. 기분 좋을 리가 없습니다. 그런 아이에게도 평가와 가치의 이야기를 해줬어요. 누군가로부터 평가받고 침울해지는 일은 흔합니다. 하지만 그 평가가 절대적이지 않다는 사실을 우리는 알아둬야만 해요. 저는 책을 쓰기 때문에 온라인 서점에서 제 책에 독자 리뷰가 남겨진 것을 볼 때가 있어요. 별점 1점에 '시시하다'라는 한 문장만 남겨져 있기도 합니다. 그런 것만으로도 침울해지죠. 수많은 사람이 좋게 평가해줘도 단 한 개의 좋지 않은 평가로 침울해지는 것이 사람이에요. 그러면서도 우리는 그런 침울함을 극복하고 싶다고 생각하죠.

리더 　네, 맞아요. 이째서 상사의 그런 말을 계속해서 구질구질하게 신경 쓰고 있는가 싶어 스스로에게 화가 나기도 해요.

선생님 　그런 하찮은 기준으로 사람을 평가하는 상사 때문에 스트레스받을 필요는 없다는 생각을 가졌으면 좋겠어요.

리더   하지만 선생님도 별점이 1점인 독자 리뷰에 상처 입는 일이 있다고 하셨잖아요. 선생님 같은 사람은 전혀 개의치 않을 거라고 제 마음대로 생각했었습니다. 별점 1점인 독자 리뷰를 보고 침울해졌을 때 선생님은 어떻게 하시나요?

선생님   좋은 리뷰를 읽습니다. 강연회에서 저는 항상 두 부류의 청중을 찾으려고 합니다. 한 사람은 삐딱한 자세를 취하고 있어서 제가 어떤 이야기를 해도 듣지 않는 사람이에요. 어떤 이야기를 해도 그럴 리가 없다는 표정으로 듣고 있어서 애초에 왜 내 강연을 들으러 왔는지 모르겠는 사람이 있어요. 그런 사람이 내 이야기를 받아들이게끔 하는 것이 이 강연의 목표라고 생각하며 최선을 다합니다만, 그 사람만을 보고 있으면 저도 용기가 꺾입니다. 그래서 또 한 사람, 다른 타입의 사람을 찾습니다. 제가 어떤 이야기를 해도 싱글싱글 웃으며 고개를 끄덕이고 열심히 들어주는 부류의 사람이에요. 심각한 얼굴을 하고 있는 사람만 보고 있으면 용기가 꺾이기 때문에 때때로 그 사람의 얼굴을 봅니다. 그러면 이야기가 전달되고 있다, 알아주는 사람이 있다고 생각되며 용기를 회복할 수 있어요.

리더 그런 노력을 의식적으로 해야만 하는군요.

선생님 지금 어떤 공동체 안에 있든 상관없이 나의 동료는 어딘가 반드시 있다고 생각하는 것이 중요해요. 현실에서 모든 사람이 나를 낮춰 보지는 않는다는 것을 알아둬야만 합니다. 큰 목소리를 내는 사람이 눈에 띄는 사회라고 해도 그런 사람은 소수일 뿐 '침묵하는 다수(silent majority)'가 있습니다. 지금 갑질을 당해서 괴롭더라도 그런 자신을 모두가 묵묵히 응원해주고 있다고 생각할 수 있는 사람이 되어야 합니다. 갑질뿐만 아니라 어떤 상황에서든 자신을 지적하는 사람보다 응원하는 사람이 많다고 생각한다면 상사의 지적도, 좋지 않은 독자 리뷰도 흘려들을 수 있게 됩니다.

리더 하지만 단 한 사람의 평가라고 하더라도 낮은 평가를 받으면 자기평가가 떨어지기 쉽습니다.

선생님 그렇죠.

리더 그쪽만 신경 쓰다가 격려해주고 칭찬해주려는 사

람의 말을 반대로 흘려버리기도 해요.

선생님 그럴 때도 물론 있죠. 모든 긍정의 말이 의심스러워지기도 하고요.

리더 맞아요. 이상적인 모습을 말하자면, 상사의 비판을 정면으로 받아들이고 스스로 변화하는 사람이 되고 싶습니다. 그러기 위해서 나의 편이 되어주는 사람의 존재를 잊어서는 안 되고, 나의 편이 되어주는 사람이 반드시 있다고 믿는 것이 중요하겠군요. 우리가 강하게 살아가기 위해서는 말이에요.

누군가의 팀원, 누군가의 리더로서

리더 선생님께 이야기를 들으면서 제가 오랫동안 회사에서 일하면서 느꼈던 위화감이 많은 부분 분명해진 것 같습니다. 예를 들면 '너'라고 부르는 방식입니다. 제가 갓 사회인이 되었을 무렵에는 상사의 일인칭이 '나'였고 낮은 직급인 우리는 너라고 불리는 것이 일반적이었습니다. 오래된 군대식 문화였죠. 지금도 그런 방식으로 말하는 사람은 있지만 많이 줄었습니다. 지금 생각해보면 믿을 수가 없어요. 아무리 후배라지만 타인을 너라고 부르다니 실례잖아요. 게다가 면전에서 "네 보고서는 전부 엉망이야!" 같은 말을 하는 것도 당연하게 여겨졌으니까요.

선생님 그것도 가치 저감 경향의 한 예입니다. 너라고 부르는 것으로 상대의 가치를 상대적으로 깎아내리고 자신의 가치를 상대적으로 높이려는 행위죠. 타인의 면전에서 화를 내는 행위도 목적은 같습니다. 그렇기 때문에 본래 우수한 상사라면 그런 행동은 하지 않습니다. 꽤 오래전에 제가 근무하던 학원에서는 죽도를 들고 학생들을 때리는 교사가 있었습니다. 그 학원은 전체적으로 갑질 문화가 있어서 저도 한때 상사의 허가를 받지 않고 복사를 했다는 이유만으로 심하게 야단맞았습니다. 그것도 학생들 앞에서요.

리더 정말 너무하네요.

선생님 네. 그런 것으로 야단맞으면 일하는 입장에서 기가 꺾이고 '이런 직장에서 일하고 싶지 않다'는 생각이 강하게 듭니다.

리더   당연히 그렇게 될 것 같아요.

선생님   너라고 부르는 것을 포함해 크게 소리를 지르거
        나 야단치는 등의 갑질은 팀원의 기를 꺾기 때문
        에 절대 해서는 안 되는 행동입니다. 그 방식은 안
        된다고 누군가가 말해야만 하고, 좋은 방식을 누군
        가가 모델이 되어 제시해야만 합니다. 갑질이 몸에
        밴 사람의 갑질을 멈추게 하는 것은 상당히 어려
        운 과제예요. 하지만 그런 갑질을 하지 않고도 모
        두가 즐겁게 일하며 리더를 신뢰하는 조직을 실제
        로 본다면 무언가가 바뀔 것입니다. 그런 새로운
        조직의 존재를 알리기 위해 우리는 더욱 노력해야
        만 합니다.

리더   저도 팀의 리더로 최선을 다해야만 하겠네요.

선생님   갑질하는 사람들은 평범하게 행동하면 존경받지
        못할 것이라는 오해를 하고 있어요. 너라고 부르
        면서 위협적으로 굴거나 상대가 자신을 두려워하
        게 만들지 못하면 존경받지 못할 것이라고 생각합
        니다. 그것도 열등감이에요. 하지만 존경은 강요할
        수 없어요. 아무리 나를 존경하라고 강요해도 팀원

이 존경할 가치가 없다고 판단한다면 결코 존경받을 수 없어요.

리더 맞는 말씀입니다.

선생님 많은 상사가 아들러가 말하는 제2의 전쟁터나 국지전에 팀원을 불러내 팀원의 가치를 깎아내리려고 합니다.

리더 구조적인 문제가 있는 거라면 상사와 팀원의 관계성을 완전히 지우는 것은 어려울지도 모르겠네요.

선생님 네. 지금도 "나는 상사한테 혼나면서 컸다"라고 말하는 사람이 경영진 중에는 많습니다. 하지만 그런 개인의 사례를 일반화해도 좋을까요? 챔피언이 된 운동선수가 "나는 코치에게 죽도로 맞아가면서 이만큼 성장했다"라고 말하는 것을 들은 적이 있습니다. 하지만 그 선수는 죽도로 맞았기 때문에 성장한 것이 아니에요. 그와 함께 죽도로 맞은 많은 사람이 일찍이 선수를 은퇴했을 것입니다. 그중에는 맞지 않았다면 더 크게 성공했을 사람도 있겠죠. 갑질을 당하면서도 자신이 출세했다고 해서 갑질을 정당화하여 똑같은 행위를 반복하는 것은 잘못된 일입니다.

리더　　비슷한 예로, 부모에게 학대받아 고생하면서 자랐
지만 사회에서 성공하는 사람도 있죠. 그렇다고 해
서 아이를 학대하는 것이 용서되는 것은 아닙니다.
그런데 저는 엄격한 상하 관계가 존재하는 부서에
서 선생님께서 가르쳐주신 것처럼 리더와 팀원은
대등하다는 듯한 태도를 취하다가 그런 제 태도로
인해 혼이 나곤 했습니다.

선생님　그럴 때야말로 역시 팀원에 대해, 조직에 대해 생
각해야만 합니다. 팀원을 지키고 가능성을 끌어내
서 능력을 키울 수 있는 환경을 만들겠다는 강한
의지와 굳센 정신을 시험받을 것입니다. 같은 회사
안에서 다른 상사들이 갑질하는 것은 그 사람들의
과제이기 때문에 어떻게 할 수 없을지도 모릅니다.
다른 사람들의 언행까지 바꾸는 것은 어렵겠죠. 적
어도 자신은 그런 대응을 하지 않겠다고 결심하는
수밖에 없습니다. 앞에서 언급했던 학원 이야기로
돌아가 보자면, 저도 죽도를 가지고 학생을 때리
라는 말을 들었습니다. 저는 강하게 거부했습니다.
그러자 학원의 학생들이 "선생님은 어째서 죽도를
갖고 다니지 않아요?"라고 물었습니다. 저는 "나는

죽도를 가지고 너희를 지도해야 한다고는 전혀 생각하지 않아"라고 답했습니다.

리더 나는 죽도를 들지 않는 리더라고 의사 표명을 한 것이나 마찬가지군요.

선생님 네. 최소한 자신의 팀원에게는 자신의 신조를 선언해두면 좋을 거라고 생각합니다. 그러면 다른 상사와는 달리 자신에게 귀를 기울여줄 가능성이 높다고 팀원은 생각하겠죠. 그 학원에서도 제가 죽도를 들지 않겠다는 선언을 하자 저에 대한 아이들의 신뢰감이 높아진 것을 느꼈습니다. 중간관리직이기 때문에 조직의 구성원로서의 고민도 있다고 하셨죠? 동료와 비교당해서 상처받았다는 이야기도 하셨어요.

리더 네, 부끄럽게도 스스로 자신감이 없다고 반복해서 말하고 있듯이 저는 쉽게 상처받는 사람입니다.

선생님 앞으로 좀 더 심한 갑질을 하는 상사를 만날 가능성도 있어요.

리더 무서워서 별로 생각하고 싶지 않지만, 확실히 있을 법한 일입니다. 그렇게 되었을 때 부서 이동 신청을 해서 도망쳐야 할까요?

선생님	그렇게 되었을 때 도망치는 것이 아니라 이렇게 생각했으면 해요. 회사라는 공동체에 내가 소속되었다면 그 공동체를 바꿀 힘은 반드시 자신에게 있다고요.
리더	아!
선생님	이 회사가 생겼을 때부터 소속되어 있던 사람은 거의 없을 겁니다. 시기적으로는 나중에 소속되었겠죠. 하지만 자신이 이 회사의 일원이 된 그 순간에 이 회사는 조직으로서 무엇인가 변했다고 생각해야 합니다. 한 사람이 새로운 회사에 들어간다는 것은 그 정도의 무게를 가진다고 생각하세요. 자신이 이 회사에 들어와 이 자리에 앉게 된 것은 그것만으로도 눈앞에 있는 이 상사를 바꿀 가능성이 있다는 생각을 가지고 일하기를 바랍니다. 포기하지 않았으면 해요. 그 상사와의 관계를 포기하지 않는 것은 자신만을 위한 일이 아닙니다. 다른 팀원을 위한 일이기도 해요. 그러므로 상사의 인성이 아니라 말에 문제가 있다고 생각한다면 같은 팀원들을 위해서라도 그것을 지적할 용기를 가졌으면 해요. 그런 용기를 가져야만 합니다. 동시에 자신

이 다른 사람의 모델이 되어야만 합니다. 갑질하는 상사처럼 시대에 뒤떨어진 리더는 그저 무지하다는 것만 생각해주세요. 그 사람은 더 좋은 리더의 방식이 있다는 것을 모르는 거예요. 그렇기 때문에 이런 방식도 있다는 것을 직접 행동으로 보여주었으면 합니다. 완벽할 필요는 없어요. 적어도 더 바람직하다고 생각되는 리더상을 보여준다면 엄격한 상하 관계밖에 몰랐던 갑질 상사도 변할 계기를 얻을 수 있을지 모릅니다.

리더　　나에게 현재 상황을 바꿀 힘이 있다고 믿는다고요….

선생님　한 사람의 힘은 큽니다. 거기에서부터 시작할 수밖에 없습니다. 힘들 거라고 생각해서 포기한다면 그 순간 모든 것이 끝납니다. 코로나 사태의 불안에 대해서도 이야기를 나눴었죠? 지구를 하나의 커다란 집이라고 한다면 지금은 집에 불이 난 것 같은 참상일지도 모릅니다. 그렇다고 해서 모두 불 끄는 것을 포기해버린다면 불은 점점 더 커지겠죠. 리더십의 변혁도 마찬가지입니다. 단 한 사람이라도 지금 상황을 바꾸겠다는 용기를 가진 사람이 나온다면 세상은 반드시 바뀔 거예요. 그 한 사람은 나 자신입니다. 스스로 세상을 바꿀 용기를 가지기를 바랍니다.

리더   저도 세상을 바꿀 용기를 가진 사람이 되고 싶습니다. 물론 내일이 되어 업무가 시작되면 또다시 리더인 것이 괴롭다, 리더를 그만두고 싶다고 생각할지도 모르지만요. 선생님, 오늘은 여기까지 하고 다시 이야기하러 와도 괜찮을까요? 리더로서의 고민뿐만 아니라 앞으로의 인생에 대해서도 상담할 일이 있을 것 같습니다.

선생님   네, 또 이야기 나눕시다.

리더   그동안 이곳에 찾아와 많은 의문을 쏟아냈지만 오늘을 기점으로 무언가 확실한 중심축을 얻은 것 같은 기분이 듭니다. 지금 상황을 한탄하지 말고 지금 상황을 바꿀 용기를 가지고 의연하게 리더의 역할을 받아들이자고 다짐했습니다. 불완전할 용기라는 말에 힘을 얻어, 행복을 포기하지 않고 리더로서의 역할에 최선을 다할 것입니다. 그런 나날 속에 분명 선생님이 말씀하신 공헌감이 있고 행복도 있을 것이라 믿습니다. 헤겔은 세계가 나선형으로 발전한다고 말했죠. 한 사람의 인생도 일직선으로 나아가지는 않을 것입니다. 성장이란 나선형으로 이뤄질 것입니다. 그렇다면 더 나은 삶을 위해 지금 여기에 있는 나에게서 행복을 찾아내면 충분한 것 아닐까 하는 생각이 들었습니다. **훌륭한 수업을 해주셔서 감사합니다.**

선생님 저도 즐거웠습니다. 조만간 다시 뵙죠.

2부

성공한 리더와의 대화

1부를 읽으며 많은 이들이 '알겠습니다, 그러나!'를 외쳤을지 모르겠다. 선생님이 주장하는 내용이 정말이지 가능한 것인가에 관해 의문을 품는 사람들이 많을 것이다. 그래서 2부에서는 선생님이 말하는 리더십을 이미 실천하고 있는 세 명의 기업가와 대화해보았다. 리더와 팀원은 대등하다는 전제를 세우고 팀원을 혼내지도 칭찬하지도 않는다는 원칙을 고수하는 것이 이 책에서 말하는 리더십이다. 세 명의 세계적 기업가가 이런 주장에 공감하고 실제로 이런 리더십을 실천하고 있다는 것은 이런 이야기들이 단순한 이상론에 그치지 않는다는 것을 증명하는 것이기도 하다.

2부의 첫 번째 대화는 다양한 방식으로 일하기를 권장하는 IT 기업인 사이보즈의 대표 아오노 요시히사, 두 번째 대화는 식량문제, 환경문제 등 지구 차원의 과제 해결에 힘쓰고 있는 바이오 기업 유글레나의 대표 이즈모 미쓰루, 세 번째 대화는 재미있는 회사를 표방하며 독특한 조직 운영으로 주목받고 있는 콘텐츠 기업 카약의 대표 야나사와 다이스케와 진행된다. 세 기업가와의 대담은 모두 2020년 7월에 이루어졌다. 코로나 사태로 세계 전망이 불투명한 가운데 재택근무로 업무 방식이 전환된 시점이라 급속하게 변화하는 사회 정세가 논의의 배경에 있다.

2부의 주된 메시지는 자신이 불완전한 것을 인정하면서도 팀원과 협력하며 더 나은 리더가 되고자 하는 실제 기업인들의 모습을 통해 드러난다. 1부에 등장했던 이론들에 실질적 문제를 제기하며 논의가 더욱 발전할 수 있도록 해주기도 한다. 지금부터 진짜 리더들의 세계를 철학자의 눈으로 살펴보자.

동료들과 어떻게 함께할 것인가

◆ 아오노 요시히사와의 대화 ◆

아오노 요시히사(青野慶久)와 IT 기업 '사이보즈'

1971년생으로 일본 에히메현에서 태어났다. 오사카대학 공학부를 졸업한 후 마쓰시타전기공업(현 파나소닉)을 거쳐 1997년에 에히메현 마쓰야마시에서 그룹웨어를 개발하여 판매하는 IT 기업 사이보즈를 설립하고 2005년에 사장에 취임하였다. 사이보즈는 25년 된 기업이지만 100년 장수 기업을 준비하고 있다. 대기업에서 퇴사한 세 명의 동료가 방 두 개의 조그만 아파트에서 시작한 기업이 지금은 1000명의 직원, 매출액 185억 엔(약 1761억 원)을 기록하는 거대 기업이 되었다. 창업 2개월 후부터 출시한 그룹웨어가 폭발적인 반향을 일으키며 기라성 같은 선발 대기업들을 제치고 시장점유율 1위에 오르기도 했다. 한때 이직률 28퍼센트를 기록하는 불명예를 안기도 했지만, 요시히사는 직원들과의 끊임없는 대화와 대대적인 제도 개편으로 지금의 회사를 만들어냈다. 그는 일본의 상장기업 CEO 가운데 가장 먼저 육아휴직을 낸 경영자이기도 하다. 6년까지 가능한 육아휴직을 비롯해 사이보즈는 다양성과 유연성이 있는 인사 제도로 유명하다.

아오노	선생님, 오랜만입니다.
선생님	비록 온라인이기는 하지만 이렇게 뵙는 것은 3년 만이죠.
아오노	그때는 교토에서 도쿄 사무실까지 와주셨죠. 선생님께서 쓰신 『미움받을 용기』의 내용이 사이보즈가 지금껏 취해온 방식과 비슷한 것 같다는 말을 직원에게 들은 것이 계기였습니다. 직원들과 함께 다양한 이야기도 나눴어요. 저도 경영자로서, 또 한 사람의 인간으로서 고민을 안고 살아가고 있으니까요.
선생님	그때 사이보즈를 방문하고 굉장히 놀랐습니다. 제가 이상적이라고 생각하는 민주적 조직이 아오노 씨의 회사에서 이미 실현되어 있다는 것을 강하게 느꼈고, 직원 모두가 탄탄한 사고방식, 이론적이기보다는 구체적인 사고방식을 가지고 있는 것에 감명받았습니다.
아오노	선생님께서 주장하시는 민주적 리더십 중에서도 칭찬하지 말라는 것은 저에게 특히나 도전적인 주장이었는데요. 혼내고 칭찬하는 것은 구식 리더십의 상징이기 때문에 저희도 새로운 경영 스타일로

옮겨 가야만 한다고 생각하고 있었습니다. 그러나 그동안에는 새로운 경영 스타일이 대체 무엇인지에 대해 명확한 답을 제시할 수 있는 사람이 거의 없었죠. 그에 대한 확실한 답을 제시해줬다는 점에서 민주적 리더십이라는 선생님의 주장은 시대가 원하는 것이라고 느꼈습니다.

칭찬은 곧 바보 취급이다

리더 그렇다면 아오노 사장님은 직원들을 전혀 칭찬하지 않으시나요?

아오노 예리하시네요. 저도 모르게 칭찬하게 될 때가 있습니다. 선생님의 말씀을 듣고 많이 반성했습니다.

리더 애초에 직원을 칭찬하는 것이 좋지 않다는 의식이 아오노 사장님께 있었나요?

아오노 그런 생각은 있었습니다. 저 스스로 되돌아봤을 때 칭찬이라는 것은 역시 어딘가 상대를 조종하겠다는 마음에서 나오는 행위였습니다. 단순히 감상을 전달하는 것이 아니라 상대를 나의 틀 안에 넣겠다는 마음이 작용했던 것이죠. 그런 의미의 칭찬은 안 된다고 느끼면서도 여전히 하게 될 때가 있습니다. 이런 칭찬의 말을 내려놓지 않고서는 다음 단계로 나아갈 수 없다고 다시 한번 생각했습니다.

선생님 제가 주장하는 민주적 리더십을 간결하게 정리하자면, 리더와 팀원은 대등하고 리더는 힘으로 팀원을 이끄는 것이 아니라 말로 협력 관계를 구축하는 것을 목표로 한다는 것입니다. 그런 리더에게는 혼내는 것도 칭찬하는 것도 전혀 필요하지 않고 오히려 유해합니다. 이런 저의 주장 중 혼내지 말자에 대해서는 사회가 어느 정도 받아들이고 있다는 의미에서 이미 의식이 성숙해진 것처럼 느껴집니다. 갑질이 문제시되는 지금, 옛날처럼 팀원은 야단쳐서 지도하면 된다고 아무렇지 않게 말하는 사람이 줄기는 했습니다. 그렇지만 젊은 사원을 성장시킬 때 '역시 칭찬해서 독려해야 하지 않을까?'라고 생각하는 사람은 여전히 많다고 생각합니다. 그러나 과연 리더가 칭찬했을 때 칭찬받은 상대는 기뻐할까요? 상대방이 일을 더 하고 싶은 기분이

들 것인가 하는 점에 대해 리더는 생각해봐야만 합니다. 그런 과정을 거치지 않으면 칭찬하면 될 것이라고 생각하며 독선적으로 행동하게 되고 그런 방식을 점점 더 바꾸기가 어려워질 것입니다.

리더　떠오르는 장면이 있습니다. 제가 들은 선생님의 강연에서 칭찬을 그만두자는 이야기를 하던 중이었고 질문도 많이 나왔습니다. 그 강연회를 들으러 온 사람 중에는 나이 많은 경영자가 많았는데, 젊은 대학생에게 선생님이 이런 질문을 했죠. "스스로 대단한 일이 아니라고 생각하고 있는 것에 대해 칭찬받은 경험이 있으신가요?" 대학생은 있다고 대답했습니다. 선생님께서 그때 어떤 기분이 들었는지를 묻자 그는 이렇게 대답했습니다. "바보 취급받은 것 같았습니다." 어이없을 정도로 빠른 대답이었습니다. 그런 젊은이의 대답에 주위에 있던 경영자들이 놀라며 술렁였습니다.

선생님　현명한 젊은이들은 상사의 속마음을 꿰뚫어 봅니다. 다만 같은 말이라도 말하는 쪽이 어떤 의미로 사용하고 있는가에 따라서 칭찬의 말이 되기도 하고 되지 않기도 합니다. 저희 딸은 육아를 시작한 후에 제가 쓴 책을 읽고 아이에게 칭찬하지 않고 있다고 합니다. 그런데 한 살이 된 아이가 처음으로 혼자 섰을 때 자신도 모르게 "세상에, 대단하다!"라고 말했다고 합니다. 그리고 이것이 칭찬하는 말에 해당하는가 하는 질문을 해왔습니다. 그 말에 다른 속셈이 있다면 칭찬하는 말일지 모르지만 처음으로 아이가 혼자 섰다는 것에 대한 기쁨을 아이와 공유하는 말이라면 그것은 칭찬의 말이 아니라고 대답했습니다. 또 같은 말이라도 상대가 어떻게 받아들이느냐에 따라 의미는 달라지죠. 그렇기 때문에 실제로는 자신이 한 말에 대해 상대가 어떻게 느꼈는지를 물어보고 피드백 받지 않으면 모르는 것입니다. 처음으로 혼자 선 어린아이에게 피드백을 받는 것은 현실적으로 어렵겠지만, 아이가 말을 알아듣게 되면 '지금 내가 대단하다고 말했는데 그 말을 듣고 어떤 기분이 들었어?' 혹은 '어떤 말을 들으면 좋겠어?'라고 물어보기 바랍니다. 그런 것을 묻다 보면 두 사람의 관계는 자연스럽게 바뀝니다. 물론 팀원에게도 그렇게 물어보세요. 대단하다는 말은 칭찬의 말이기 때문에 사용해서는 안 된다는 식으로 융통성 없이 외워두지 않는 것이 중요합니다. 사람마다 받아들이는 방식이 다르기 때문에 모든 사람에게 물어봐야만 합니다. '지금 내가 한 말을 어떻게 받아들였나요?'라고요. 경영자라면 직원 모두에게 물어보고 확인해야만 합니다. 제가 이렇게 말하면 많은 사람이 "가족이라면 가능할지 모르겠지만 회사 같은 조직에서는 도저히 무리입니다"라는 반론을 하곤 하는데, 이것은 어떤 관계에서도 마찬가지입니다.

물어보고 또 물어보라

아오노　저의 개인적인 경험으로 말하자면 한 사람 한 사람에게 의견을 물어보는 것은 지극히 실전적인 수법입니다. 리더십의 기본으로서 아주 중요하다고 생각합니다. 저는 2006년까지 지금과는 전혀 다른 리더십을 지향했습니다. 제가 지시를 내리고 직원 모두를 힘있게 이끌어가려고 했습니다. 하지만 안타깝게도 그것이 잘되지 않았고, 실적은 악화되고 주가는 폭락했습니다. 무엇보다도 직원들의 마음이 저에게서 점점 멀어지면서 무려 28퍼센트라는 이직률을 경험했습니다. 신호를 기다리는 자동차를 물끄러미 바라보면서 '차가 한 대 이쪽으로 달려와서 나를 쳐주면 좋겠다'라고 생각한 일도 있을 정도로 궁지에 몰렸었죠. 그런 상태에서 빠져나오며 경영 스타일을 완전히 바꾸게 되었습니다. 회사는 성장을 시작했고, 다양하고 유연하게 일하는 방식이 가능한 회사로 평가받기 시작했습니다. 그 사이의 일들을 되돌아보면 저는 직원들에게 정말 많은 도움을 받았습니다. 제가 리더로서 무엇보다 힘을 기울인 것이 바로 '물어보기'였습니다. 사이보즈에는 다양하게 일하는 방식을 선택할 수 있는 인사제도가 많습니다. 하지만 이 중에 제가 발안한 것은 한 개도 없죠. 경영 방식을 바꾼 후부터 직원 모두에게 일하고 싶은 입무 방식을 알려주고 알려준 방식을 실현하는 구조를 함께 만들어가자고 부탁했습니다. 그리고 그것을 제도로 만들어왔습니다. 물어보는 것과 아닌 것의 차이는 큽니다. 직원들에게 물어보지 않고 제도를 만든다면 어떤 좋은 제도를 만든다 해도 직원들은 도움되지 않는 인사 제도를 만들었다는 생각을 할 것입니다. 역시 리더의 기본은 물어보기인 것이죠.

사이보즈의 다양한 인사 제도

제도	도입 시기	개요
육아·간병 휴가 제도	2006년	최장 6년간 가능한 휴가제도다. 임신 진단을 받은 때부터 가능한 산전 휴가, 육아·간병 단시간 근무 제도와 함께 도입했다.
선택형 인사 제도	2007년	생애 단계 변화에 맞춰 일하는 방식을 선택할 수 있는 인사 제도다. 육아·간병에 한하지 않고 통학과 부(겸)업 등 개인 사정에 따라 근무시간과 장소로 나눠진 아홉 개 분류 중에서 일하는 방식을 선택할 수 있다. 2018년부터는 '일하는 방식 선언 제도'로 변경하여 발전적으로 폐지되었다.
울트라워크 (재택근무 제도)	2012년	2010년부터 시작한 재택근무 제도를 진화시켰다. '선택형 인사 제도'와 '일하는 방식 선언 제도' 중 선택하여, 단발적으로(전체 노동시간 중 10퍼센트 정도로 제한) 선언한 '기본이 되는 일하는 방식'과 다른 방식으로 일하는 것을 말한다. 종래에 있었던 재택근무, 시차근무도 여기에 포함된다. 팀과 개인의 생산성 향상을 목적으로 실시한다.

자기 계발 휴가 제도	2012년	사이보즈를 퇴직한 후 최장 6년 동안은 사이보 즈로 복귀가 가능한 제도. 퇴직하는 사람이 다 시 팀으로 돌아갈 수 있다는 안도감을 가지고 새 로운 일에 도전할 수 있도록 하는 것을 목적으로 한다.
부(겸)업 허가 제도	2012년	자신답게 일하며 경제적으로도 정신적으로도 자 립할 수 있도록 한다는 관점에서 부(겸)업을 가능 하게 하는 제도. 회사 자산과 관계없는 일은 상사 의 승인이나 보고의 의무 없이 자유롭게 진행할 수 있다.
자녀 동반 출근 제도	2014년	업무 시간 동안 아이를 돌봐줄 사람이 없다는 문 제를 해결하기 위해 개시된 제도. 팀의 생산성 을 떨어트리지 않는다는 등의 규칙하에 운용한 다. 긴급 시 기능하고 있다.
어른의 체험 입부 제도	2016년	본인의 커리어 검토와 현재 업무에 활용할 것을 목적으로 타 부서에 '체험 입부'하는 것이 가능하 다. 모든 부서에 희망할 수 있고, 해외를 포함해 타 지점으로 체험 입부하는 것도 가능하다.
일하는 방식 선언 제도	2018년	2007년부터 실시한 '선택형 인사 제도'를 폐지하 고 운용을 개시했다. 전에는 근무시간과 장소로 구분한 아홉 개 분류에서 일하는 방식을 선택했 지만, 새로운 제도에 따라 한 사람 한 사람이 일 하는 방식을 자유롭게 기술하는 스타일로 발전 시켜 실행한다.

왜 자꾸 조종하려 하는 것일까?

리더   그렇게 경영 방식을 바꾸던 중에 직원을 칭찬하는 것이 좋지 않다는 의식이 생겼다는 건가요?

아오노   그렇습니다. 칭찬은 좋지 않다…. 제가 경영 스타일을 바꿨을 때 크게 배운 점은 리더가 사고방식을 강요하면 잘되는 일이 없다는 것이었습니다. 그렇다고 해도 제가 그런 습관적 칭찬을 전혀 하지 않는가 하면 상당히 의심스럽지만요. 게다가 이번에 선생님께 배운 '상대가 어떻게 받아들이는가'라는 부분은 아직 생각해보지 않았기 때문에 다음 과제가 되겠군요.

선생님   지금 하신 말씀을 듣고 드리고 싶은 말은, 대등한 관계를 구축해놓지 않으면 다양한 대인 관계의 기술은 모두 무효하다는 것입니다. 제가 주장하는 칭찬하지 않고, 혼내지 않고, 나아가 팀원에게 용기를 주는 리더십 기술들을 이해하고 실천한다고 해도 상대와의 관계가 대등하지 않으면 모든 것이 조종이 되고 지배가 됩니다. 반대로 말하면 상대와의 사이에 대등한 관계가 구축되어 있다면 어떤 말을 해도 괜찮습니다.

아오노   그렇군요.

선생님   다만 그렇게 될 때까지는 역시나 시간이 걸립니다. 처음에는 조심하는 편이 좋습니다. 이런 말을 사용하면 상대에게 상처가 되지는 않을까 하고 과할 정도로 신경 쓰는 것이 좋습니다. 그러다 보면 결국 상대와의 관계가 정말로 대등해지고, 어느 정도 신뢰가 쌓였다면 주위에서 듣는 사람이 그런 말은 좋지 않다고 생각하는 말을 하더라도 팀원의 용기를 꺾지 않게 됩니다. 부모와 자녀 사이도 어떤 말을 해도 괜찮다고 생각되는 관계가 된다면 훌륭합니다. 하지만 처음에는 가까운 사이에도 예의가 있다는 생각으로 정중한 말을 사용하도록 주의를 기울이는 편이 좋습니다. 물론 이건 아주 어려운 부분입니다. 아들러 심리학을 잘못 사용하는 사람이 많은데, 이런 부분을 잘 알지 못한 채로 일상에 적용하기 때문이라고 생각합니다.

아오노   악용하게 되는 것인가요?

선생님   그렇습니다. 하지만 역시 현명한 사람들은 이를 꽤

뚫어 봅니다.

아오노 　사실은 선생님의 리더십론을 배운 후 개인적으로 아주 재미있었던 것이 미움받을 용기에 대한 오해와 관련된 이야기였습니다. 이것도 악용이라고 할 수 있을 것 같은데요.

리더 　리더는 미움받을 용기를 가져서는 안 된다는 이야기였죠.

아오노 　확실히 상사 중에는 팀원에게 미움받더라도 엄하게 말하겠다는 생각과 연결지어 미움받을 용기를 떠올리는 사람이 있습니다. 선생님의 책을 애독하는 독자로서 안타깝게 생각합니다. 선생님의 리더십론을 배우고 제가 느낀 점은 오히려 미움받지 않도록 하는 용기입니다.

리더 　미움받지 않도록 하는 용기라니 신선하네요. 애초에 미움받지 않기 위해서도 용기가 필요한가요?

선생님 　아오노 씨, 어떻게 생각하시나요?

아오노 　미움이라는 것은 상대가 가지는 감정이기 때문에 미움받지 않기 위해서는 상대의 감정에 신경을 써야 합니다. 그리고 이쪽에서 전달한 말을 상대가 어떻게 받아들였는가는 자신이 생각한 것과 완전히 다를 가능성이 있습니다. 선생님께서 앞서 말씀하신 대로입니다. 바보 취급할 생각이 아니었는데도 상대는 바보 취급받았다고 받아들이고, 상처 줄 생각이 없었는데도 상대는 상처를 받기도 합니다. 리더가 미움받지 않도록 노력하겠다고 결심한 후에는 상대가 어떻게 받아들일지를 확인해야만 합니다. 다만 이런 것을 신경 쓰는 리더는 지금까지 별로 없었다고 생각합니다. 상사는 종종 팀원을 혼내고는 일방적으로 '저 사람은 내 애정을 받아들여줄 것이 분명하다'라는 생각을 합니다. 하지만 미움받지 않도록 노력해야겠다고 결심한 이상 팀원이 정말로 나의 말을 애정으로 생각해주는지는 확인해야만 알 수 있고, 확인해보고 자신의 생각과 현실 사이에 차이가 있다면 궤도를 수정해야만 합니다. 그것 역시 용기가 필요한 일입니다. 자신의 잘못을 찾고, 인정하고, 수정한다는 것에는 상당한 용기가 필요하다고 생각합니다.

선생님 　미움받을 용기의 진짜 의미는 앞서 설명한 대로입니다. 강한 입장에 있는 상사가 미움받을 용기를 가지는 것은 좋지 않습니다. 미움받아도 괜찮다고 생각하는 상사는 용기의 문제 이전에 필요한 절차를 생략하고 있지는 않을까 생각합니다.

아오노 　절차의 문제라…. 대화에 시간을 들여야 한다는 것이군요.

선생님 　그렇습니다.

아오노 　하지만 리더가 되어 보면 대화가 중요하다고 생각해도 도무지 시간이 없습니다. 이것도 하고 싶고 저것도 하고 싶고, 하고 싶은 것이 자꾸만 생기는 사이에 일정이 밀립니다. 그렇게 되면 팀원과 의견이 맞지 않았을 때 귀찮다, 빨리 정리하고 싶다는 생각을 하게 됩니다.

선생님 　그렇죠. 그럴 때 큰소리치며 화를 내지 않아도 상대를 자신이 생각하는 대로 움직이게 하고 싶다고 생각한 순간 이미 리더와 팀원의 관계에는 권력 다툼이 발생합니다. 상사가 강압적으로 일을 진행하면 팀원은 말을 들을지 모르겠지만 흔쾌히 받아들일 수는 없을 것입니다. 언젠가는 어디에선가 팀원이 폭발하는 일도 일어날 것입니다. 물론 그럴 때 상사가 팀원에게 미움받고 싶지 않은 것도 당연합니다. 부모와 자녀 관계에서도 마찬가지 상황은 있고, 부모도 자녀에게 미움받고 싶지 않습니다. 그러나 그렇다고 해서 말해야만 할 것을 말하지 않는 것은 자신만 생각하는 상사이고 부모입니다. 자신을 어떻게 생각할까만 생각한다는 의미에서 자신밖에 모르는 것이죠. 그런 리더가 자신이 아닌 조직에 대해서, 나아가 넓은 사회에 대해서, 세계에 대해서 관심을 갖는다면 자연스럽게 많은 것이 변할 것이라고 생각합니다. 팀원의 의견에는 귀를 기울여야 하지만 한편으로 팀원에게 반드시 말해야만 하는 것들도 있는 것이죠. 팀원이 그 지적을 받아들일 준비가 아직 되어 있지 않더라도, 혹은 그 지적으로 팀원이 감정적이 될 가능성이 있더라도 상사는 전해야만 하는 것을 전해야 합니다. 그럴 때 상사가 극도로 팀원의 안색을 살펴 두려워해서는 안 됩니다. 이렇게 상사가 미움받을 용기를 가져야 하는 상황 또한 분명히 있습니다.

솔직한 마음을 듣기 위한 지름길은 없다

아오노   그래서 대화가 필요한 것이군요. 이해는 하지만 실천이 어려운 부분이에요. 선생님은 책에서나 강연에서나 그런 상황에서 어떤 말을 하면 좋을지를 구체적으로 제시해주셔서 좋았어요. 예를 들어 학교에 가기 싫어하는 아이에게 '학교는 가야 해!'라고 명령하는 것이 아니라 '학교에 가는 것이 어떨까?'라고 제안해보라는 조언이 있었습니다. 회사에서의 상황으로 바꿔보면 '다음 주 프레젠테이션 준비를 시작해주겠습니까?'가 될까요?

선생님   네, 명령이 아니라 의문문, 혹은 가정법을 사용해서 상대가 거절할 여지를 남겨야 합니다. 상사가 하는 말을 거절하기는 어렵겠지만 팀원이 받는 인상은 많이 달라질 겁니다. 거절할 여지가 없으면 감정적으로 반발하게 됩니다. 하지만 받아들이는 방식은 역시 사람마다 다르기 때문에 확인은 필요합니다. 시간과 수고가 들겠지만 대화를 거듭해야만 합니다. 시간이 걸리고 수고가 든다는 것은 아들러 심리학의 특징입니다. 기술만 배워서는 충분하지 않다는 것을 깨닫기까지 상당히 긴 시간이 걸릴 것입니다. 아오노 씨는 상당히 오랜 시간을 들여 공부하고 계시죠.

리더   아오노 사장님은 직원들에게 묻는 것을 리더의 기본으로 여기고 중요하게 생각한다고 앞에서 말씀하셨습니다. 직원들에게 어떤 인사 제도가 있으면 좋을 것 같은지를 물어보고 독특한 인사 제도를 만들어오셨다고요. 그 부분에서 의문이 생겼는데요, 사장이 의견을 말해줬으면 한다고 해서 직원들이 그렇게 쉽게 진심을 밝히나요?

아오노   아닙니다, 처음에는 전혀 그렇지 않았습니다. 의심만 받을 뿐이었죠. 앞에서 말씀드린 대로 저는 2006년에 경영 스타일을 크게 바꿨습니다. 앞장서 엄하게 이끄는 리더십을 지향한 결과 실적이 악화되었고, 직원들의 마음이 멀어져서 이직률이 28퍼센트에 달하는 시행착오를 겪은 뒤에 내린 결론이었습니다. 처음에는 모든 직원과 한 사람당 30분씩 잡담을 하면서 어떤 형태로 일하고 싶은지 물었지만 아무도 마음을 열고 이야기해주지 않았습니다.

선생님   사장에게 섣불리 아무 이야기나 해서는 안 된다는 생각이 직원들에게 이미 있었기 때문이죠.

아오노   네, 전에는 제 의견을 강요하면서 직원들을 강하게 이끌어가려고 했기 때문에 그런 의심을 받았던 것입니다. 하지만 그 가운데서도 마음을 열고 이야기 해주는 직원이 한 사람, 두 사람 나오기 시작했습니다. 퍼스트 펭귄 같은 존재죠. 그 사람들을 소중하게 여기고, 그 사람들의 의견에 귀를 기울이고, 그 목소리를 제도에 반영하여 개선하는 모습을 보여주자 직원 모두로부터 신뢰도가 조금씩 올라갔습니다. 그러자 솔직하게 이야기해주는 세 번째 사람, 네 번째 사람이 나오더라고요.

선생님   그렇군요.

아오노   인상적인 에피소드를 공유하고 싶은데요, 당시 입사 3년 차의 젊은 영업 사원이 모든 직원에게 적용되는 보너스 구조에 이의를 제기했습니다. 그래서 이야기를 들어보니 그것이 꽤 흥미로워서 모두 함께 논의하게 되었죠.

리더   어떤 제안이었나요?

아오노 　당시 보너스 지급액은 회사의 매출과 연동되었는데요, 마침 그때 사이보즈에서는 주력 상품인 그룹웨어의 클라우드화를 추진하고 있었습니다. 이전에는 고객이 자사에서 소프트웨어를 서버에 직접 설치해 사용하는 온프레미스(on-premises)형 판매가 중심이었지만, 앞으로는 클라우드형을 주력으로 해서 판매를 강화해가자는 것이었습니다. 그때 입사 3년 차였던 젊은 영업 사원이 "그렇다면 클라우드의 매출액을 보너스 지급액에 연동시키는 편이 좋지 않은가"라고 목소리를 냈습니다. 이 아이디어를 임원들, 인사팀 사람들과 논의했고 채택하기로 하였죠. 이 일에는 꽤 임팩트가 있었습니다. 입사 3년 차 사원의 제안으로 회사 전체의 보너스 제도가 바뀔 수 있구나 하고요. 말하는 사람이 이기는 것인가? 하는 분위기 속에서 조직에 대한 신뢰도가 높아지는 것을 몸소 느꼈습니다.

선생님 　하지만 말하는 사람이 이긴다고만 생각해서는 안 되죠. 직원들이 어떤 의견이라도 말하면 통한다는 인식을 가져서는 안 되기 때문에 조직의 목적에 맞춰봤을 때 안 되는 것이라면 의연하게 안 된

다고 말해야만 하는 상황이 리더에게는 분명 생길
것입니다. 특히 이런 이야기를 할 때는 최선을 다
해서 설명해야만 합니다.

아오노   네, 맞습니다.

권위적인 리더는 답을 알고 있다

리더   팀원의 제안을 반려할 때 리더는 어떻게 해야 할
까요? 흥미진진한 주제입니다. 아오노 사장님도
물론 직원의 제안을 반려해야 할 때가 있다고 생
각합니다. 그럴 때 어떤 커뮤니케이션을 하는지 궁
금합니다.

아오노   스스로 답을 지나치게 고집하지 않는 것이 가장
중요하다고 생각합니다. 예전에 팀원이 무언가를
제안했을 때 그것을 보고 '뭐? 이런 생각을 했다
고?' 하고 놀란 적이 있습니다. 저로서는 그것이
있을 수 없는 제안 같았어요. 하지만 어쩌면 그 직
원의 의견이 옳을지도 모른다, 어쩌면 이 안에 또

하나의 혁신적인 아이디어가 숨어 있을지도 모른다고 생각하면 생각을 전하는 방식이 180도 바뀝니다.

선생님 그렇군요.

아오노 그렇게 생각하면 '역시 네 생각은 틀렸다'는 식의 말은 하지 않게 됩니다. '흥미롭지만 내가 보기에는 이렇다'라는 식으로 말하게 되죠. 그런 의견을 열린 자리에서 논의하도록 하고 있습니다. 저와 상대, 일대일이 아니라 다른 많은 직원과 논의하는 것이죠. 모두에게는 다양한 관점이 있기 때문에 저의 의견은 어디까지나 저의 의견, 그의 의견은 그의 의견일 뿐입니다. 거기에 다른 사람들의 의견이 덧붙여졌을 때 답이 어디로 향할지는 아무도 모릅니다. 어쩌면 저처럼 '이건 좀 지나치지 않은가?' 라고 생각하는 사람이 많을지도 모르고, 보너스 제도 때처럼 젊은 직원의 의견에 대해 흥미롭다, 괜찮지 않을까 하고 생각하는 사람이 많을지도 모릅니다. 그래서 저는 마음속에 미리 답을 정해놓지 않습니다. 리더는 아무래도 자신이 답을 알고 있다고 생각하기 쉽거든요.

선생님	이해합니다.
아오노	답을 알고 있다는 태도야말로 권위적이라고 생각합니다. 그것을 내려놓아야 합니다. 권위를 내려놓을 용기가 필요합니다.
선생님	모르는 것이 있다는 것을 인정하는 용기는 정말 필요합니다. 지금 아오노 사장님이 말씀하시는 부분은 제가 대화를 강조하고 있는 지점과 같다고 생각합니다. 일방적으로 전달하고 소통을 하지 않으면 결과가 틀어지는 일이 많습니다. 그렇기 때문에 리더들은 지금 하는 말이 혼자만의 생각이라는 것을 끊임없이 의식해야만 합니다. 리더가 이것은 '나의 의견, 나의 생각'이라는 것을 전면에 내세우고 이야기한다면 직원들도 반론하기가 훨씬 쉽습니다. 리더의 생각에 반론하는 것이지, 리더를 비판하는 것은 아니라고 생각할 수 있기 때문이죠. 직원들이 '외람됩니다만' 대신 '저의 의견은'이라고 말할 수 있는 분위기를 만들지 않으면 활발하고 적극적인 논의는 불가능합니다. 오늘 아오노 씨의 저서를 몇 권 다시 읽고 왔습니다. 책에서 아오노 씨가 반복해서 강조했듯이 이 제안은 무엇

을 목적으로 하는가를 항상 생각해야만 합니다. 목적을 잃지 않는다면 목적에 맞지 않은 제안은 받아들이지 않을 수 있습니다. 그것은 리더가 확실하게 짚어주어야만 합니다. 그래야만 직원들이 자유롭고 활발하게 논의할 수 있습니다. 그리고 누군가의 의견을 받아들일 수 없다는 말을 할 때는 큰 목표를 생각했을 때 그렇다는 것을 밝혀야만 합니다. 이것이 리더의 대응 능력입니다.

아오노 맞는 말씀입니다.

리더 아오노 사장님은 그런 감각을 가지고 직원들과 논의하고 계신가요?

아오노 직원들이 내놓은 아이디어를 등산에 비유하자면 등산하는 방법 중 한 가지라고 생각합니다. 바꿔 말하면 '우리가 목표로 하는 정상을 향해 나는 이쪽으로 올라가는 편이 좋다고 생각합니다'라는 것이죠. 그것이 만약 정상과 전혀 관계가 없는 방향을 향하고 있다면 리더는 그 의견을 반려해야만 합니다. 그 의견은 이 조직의 목표에 맞지 않다고 말해줘야 하고요. 언제나 '산'이라는 목표를 잡아주십시오. 이 산을 오르는 방법은 다양하고, 정답은 아무도 모릅니다. 그러므로 서로 다양한 의견을 나누어야 합니다. 그 의견이 이 산의 정상을 향하지 않는 것이라면 거리낌 없이 서로 지적해야 합니다. 이런 분위기가 꼭 필요하다고 생각합니다.

선생님 아오노 씨가 감수한 책에 보면 영업 사원이 외근 중에 들른 카페에서 사용한 커피값을 회사가 지급하기로 한 에피소드가 있습니다. 아주 흥미롭게 읽었어요.

아오노 젊은 영업 사원의 제안으로 그것을 경비로 인정하게 된 이야기였죠. 그의 주장은 이거였습니다. '커피를 마시고 싶어서 카페에 들른 것이 아니라, 일할 책상과 충전할 콘센트가 필요해서 들른 것이다. 그러므로 이는 업무의 일환이고, 커피값을 경비로 인정해줬으면 좋겠다.' 전에는 커피값이 영업 사원의 개인 부담이었기 때문에 선배들이 보기에는 투정 부리는 소리로 들릴지도 모릅니다. 하지만 거기에서 투정 부리는 소리 하지 말라고 말하는 것도 역시 투정이나 마찬가지입니다. 팀워크 좋은 사회를 만드는 것은 사이보즈의 기업 이념입니다. 이 이념을 바탕으로 생각했을 때, 커피 한 잔으로 더 기분 좋게 일할 수 있다면 값싼 투자라는 것이 우리의 결론이었습니다.

선생님 정말로 업무에 필요하다면 청구해도 괜찮다는 생각이군요. 그 부분이 재미있다고 생각했습니다. 그러나 핵심인 목표를 보지 않고 그저 커피값을 청구한 것이라면 안 된다고 리더는 말해야만 합니다. 커피값이라면 귀엽게 봐줄 수 있지만, 묵과할 수 없을 정도의 식대를 사용하고 업무에 필요했다고 주장한다면 의연한 태도로 그것은 인정할 수 없다고 말할 수 있는 리더여야 합니다.

아오노 그렇습니다. 그런 부분을 서로 체크하면 좋겠다고 생각합니다. 사이보즈는 이미 규모가 많이 커졌기 때문에 그런 부분 역시 공개해서 해결하고 있습니다. 경비도 투명하게 공개된다면 서로가 감시의 눈이 되어주기에 적절할 것입니다.

선생님 실제로 그렇게 하고 있군요.

아오노 사이보즈에서는 회식비 같은 것까지도 그룹웨어를 통해 모든 사원이 볼 수 있게 되어 있고, 실제로 '이 모임은 비싼 가게를 지나치게 이용한 것 아닙니까?'라는 지적이 들어오기도 합니다.

선생님　재미있네요. 사장을 포함해 모두가 목표를 확실하게 알고 있기 때문에 그런 것을 서로 이야기하더라도 비난이 되지 않는 것입니다. 그래서 SNS에서 자주 보는 것처럼 여론몰이가 되거나 하지도 않는 것이겠죠.

아오노　그렇습니다.

리더　그렇군요. 지금까지 아오노 사장님이 알려주신 포인트를 다시 정리해보겠습니다.

① 자신이 답이라고 생각하는 것을 지나치게 고집하지 않는다.
② 열린 토론을 한다.
③ 권위를 내려놓을 용기를 가진다.
④ 이 의견이 '나의 생각'일 뿐이라는 것을 의식한다.
⑤ 모든 일을 조직의 목표에 비추어 판단한다.

자신의 잘못을 인정하는 일

아오노　그나저나 코로나 바이러스 감염 확산에 따라 우리
는 격변의 시대를 살아가고 있습니다. 코로나 사태
가 시작됐을 때부터 지금에 이르기까지를 되돌아
보면 이전 세대 경영 방식의 한계가 서서히 분명
해진 것 같습니다. 이전 세대의 경영이란 혼내고
칭찬하며 사람을 움직이는 것이었고, 이 때문에 리
더의 권위가 중요하게 여겨졌을지도 모릅니다. 리
더는 훌륭하고 권위 있고, 그렇기 때문에 틀리지
않고 틀려서는 안 된다. 만약 틀렸다고 하더라도
그것을 인정해서는 안 된다는 것이었습니다.

선생님　그렇습니다. 그래서 틀렸다고 인정하지 않고 자신
의 길을 갔죠. 하지만 그런 리더는 결국 신뢰를 잃
을 것이라고 생각합니다. 아무리 좋은 리더라도 좋
은 결과가 나오지 않는 일은 있습니다. 코로나 감
염 확산은 리더의 책임이 아닙니다.

리더　코로나가 유행하는 것은 사장 탓이 아니라는 말씀
이죠.

선생님 　그렇습니다. 물론 사람의 힘으로는 어떻게 할 수 없는 일이라고 해도 다양한 방법을 찾아 대응해야만 합니다. 그래도 좋은 결과가 나오지 않는 일은 당연히 있죠. 하지만 그런 지금의 상황에서 결국 신뢰를 잃어버린 리더도 있고 신뢰를 얻은 리더도 있습니다. 그 차이가 무엇인가 하면, 잘못을 인정할 수 있는가 없는가입니다. 언제라도 실패를 받아들이고 진로를 변경할 준비가 되어 있는가 하는 것입니다. 리더가 자신의 불완전함을 알고 있다면 직원들은 리더를 따를 것입니다. 반대로 권위를 지키려고 실패를 숨기고 정보를 은폐하는 리더는 머지않아 신뢰를 잃습니다. 그런 사례를 우리는 현실에서 수없이 보고 있지 않은가요?

리더 　자신의 잘못을 인정하고 물러난 일이 아오노 사장님에게도 있나요? 그럴 때 무얼 주의해야 하나요?

아오노 　음, 그러니까 저는 직원들에게 미안하다는 말을 많이 합니다.

선생님 　그렇군요.

아오노 　미안하다고 거의 매일 말하고 있을지도 모르겠네요. 경험에서 배운 것인데요, 제가 미안하다고 말하는 것만으로 직원들은 사장인 저의 실패를 흔쾌히 받아들여 줍니다. 지금은 제가 무언가 어림없는 일을 해도 직원들이 "사장님, 좋은 도전이었습니다!"라고 말해줍니다. 비록 실패했지만 좋은 도전이었다고요. 그것은 역시 제가 미안하다는 말을 했기 때문일 것입니다. 제가 만약 이것은 나의 실패가 아니라는 식의 말을 했다면 좋은 도전이었다는 말은 들을 수 없었겠죠.

리더　예를 들면 어떤 도전이 있나요?

아오노　직원들에게 자주 지적받는 일은 트위터의 내용과 관련된 것들입니다. 저는 평소에 자주 트위터에 글을 쓰는데, 그 내용이나 말투 같은 것을 직원들이 체크해주고 이런 식으로 말하면 안 될 것 같다, 이 내용은 오해가 생길 수 있다고 말해줍니다. 그럴 때는 먼저 미안하다고 말합니다. 그 후에 앞으로는 이렇게 하겠다고 개선책을 제안하죠. 이것이 건강한 커뮤니케이션이라는 생각이 듭니다.

선생님　정말 그렇네요.

아오노　그렇게 반성의 말을 하고 나면 또 도전할 수 있습니다. 도전하고 실패했을 때 반성하면 배울 수 있

고, 다음에는 개선할 수 있었습니다. 덕분에 이전
보다 트위터를 더 잘 쓸 수 있게 되었습니다.

선생님 덧붙여 말씀드리고 싶은 것은, 미안하다는 사과도
좋지만 거기에 덧붙여 잘못된 부분을 지적해줘서
고맙다고 말하는 것이 더 좋다는 것입니다. 사장에
게 그런 말을 들으면 직원은 공헌감을 가질 수 있
습니다.

아오노 그렇군요.

선생님 예를 들어 지하철이 늦어져 연인과의 약속에 늦었
다고 합시다. 상대가 약속 장소에서 오랜 시간 기
다려줬다면 제일 처음 할 말로 미안하다보다는 고
맙다가 더 좋지 않을까요? '기다려줘서 고마워'라
는 말을 들으면 연인은 자신의 행위가 상대에게
공헌했다는 생각을 할 수 있을 것입니다. 게다가
지하철이 늦은 것일 뿐 상대가 특별히 나쁜 짓을
한 것도 아닌데 사과를 받으면 어쩐지 난감해질
수도 있습니다. 사장과 직원의 관계로 다시 생각해
보면, 사장의 언행에 직원이 조언을 했다고는 해도
사장이 특별히 나쁜 짓을 한 것은 아닙니다. 다만
직원의 조언 덕분에 사장이 언행을 개선할 수 있

었다면 좋은 일이고, 나아가 회사에 공헌하는 일이기도 합니다. 이런 점을 직원도 알 수 있도록 고맙다고 한마디 덧붙인다면 좋을 것 같습니다.

아오노 　그렇군요. 다름 아닌 공헌감, 그게 중요하겠네요.

선생님 　공헌에 대해서는 지금까지 리더십론에서 그다지 주목하지 않은 것 같습니다. 전에 말씀드린 대로 혼내는 것을 그만두라는 저의 주장에 대해서는 사회가 받아들일 토양을 만들어둔 상황입니다. 물론 칭찬하는 것을 그만두라는 주장은 아직 그 정도로 와닿지는 않은 것 같지만, 아오노 사장님처럼 혼내는 것과 칭찬하는 것의 한계를 느끼는 리더가 생기고 있는지도 모르겠습니다. 그렇다면 혼내거나 칭찬하는 것 대신 무엇을 어떻게 하면 좋을까요? 그 답은 확실합니다. 공헌에 주목하는 것입니다. 리더가 팀원의 공헌에 주목한다면 팀원은 칭찬받는 일을 해야겠다고 생각하지 않고, 일부러 혼날 일도 하지 않습니다. 야단맞고 싶지 않다고 생각하는 사람, 혹은 주목받고 싶다고 생각하는 사람 중에는 칭찬받을 만한 일을 하거나 일부러 야단맞을 일을 하는 사람이 있습니다. 그런 사람들은 자신밖에 생각하지 못합니다. 그렇지 않은 사람들은 자신이 아닌 조직 혹은 사회나 세상에 관심을 두고 공헌하는 것에 주목합니다. 이 사람들에게 '고마워', '도움이 됐어', '기뻤어' 같은 말을 계속해서 해준다면 언젠가는 칭찬하는 일도 혼내는 일도 필요하지 않게 됩니다. 민주적 리더십에 있어 제가 특히 강조하고 싶은 것 중 하나입니다. 솔직히 말씀드리면, 나쁜 짓을 하지 않았다면 사과도 하지 않았으면 합니다. 미안하다는 말을 생략하는 대신 전부 고맙다는 말로 소통해도 괜찮을 것 같다고 생각합니다.

아오노 그렇군요. 중요하게 여겨야 할 부분은 사과가 아니라 감사와 공헌이라는 말씀이죠?

선생님 자신이 몰랐던 부분을 알려준 것은 정말로 고마운 일이고, 개인이 바뀌는 것뿐만 아니라 조직 전체가 크게 변화할 계기이기도 합니다. 그런 조언을 한 자신이 회사에 공헌한 것이라고 생각하게 된다면 리더와 팀원이 서로의 지적을 도전도 비난도 아닌, 조직을 위한 발언이라고 느끼게 될 것입니다.

아오노 그런 의미에서 저는 아직 미움받고 싶지 않은 마음이 남아 있는지도 모르겠습니다.

선생님 저도 아이에게 이야기할 때 '이런 말을 하면 어떻게 받아들일까?'에 대해서 너무 많이 생각한 나머지 말해야만 할 부분을 얼버무리게 되는 일이 있습니다. 어렵다는 것은 이해합니다.

아오노 이야기를 조금 확장해보면, 감사의 말은 누구에게서 들었는가에 따라서 기쁜 정도가 달라진다고 생각합니다. 역시 존경하는 사람에게 그 말을 들었을 때 엄청난 기쁨이겠죠. 그렇기 때문에 감사를 전하는 말의 에너지를 최대화하려면 인덕을 갖추는 것이 중요합니다. 그렇지 않으면 고맙다는 말을 듣는 순간 그 팀원은 '당신 같은 사람에게 그런 말 듣고 싶지 않아'라고 생각하게 되겠죠.

선생님 맞는 말씀입니다. 역시 듣는 사람은 말하는 사람에게 다른 속셈이 있다는 것을 꿰뚫어 보기 때문이죠. 속셈을 꿰뚫어 보는 것은 부모와 자녀 관계에서도 자주 있는 일로, 특히 사춘기 아이는 그것을 민감하게 캐치합니다. 지금은 예전처럼 부모가 함부로 아이를 혼내는 일이 줄었고, 고맙다고 말하는 일이 많아졌습니다. 그러면서 아이가 자신이 기대하는 행동을 했을 때만 고맙다고 말하는 부모도 생겼죠. 그러나 사춘기 아이는 그 말 자체에 속셈이 있다는 것을 민감하게 알아챕니다. 팀원도 마찬가지입니다. 리더가 고맙다고 말해도 거기에 무언가 자신들을 조정, 지배하려고 하는 의도가 있다면 특히 젊은 사람은 바로 눈치챕니다. 그렇기 때문에 이런 말을 할 수 있는 관계를 먼저 구축하는 것이 중요합니다. 그런 의미에서 거만한 자세를 취하지 않고, 어떤 이야기든 경청하는 리더라는 생각이 들게끔 하려는 노력은 반드시 필요합니다. 그것이 바로 아오노 사장님이 앞에서 말씀하신 미움받지 않을 용기인 것이겠죠.

경쟁 사회는 나쁜 것일까?

아오노   선생님께 리더십론을 배우면서 문제 제기하고 싶은 것이 있습니다. 저서를 읽다 보니 선생님은 경쟁 사회를 부정적으로 생각하고 계신 것 같았습니다. 과도한 생산성 중시에 대한 비판이라고 말해도 좋겠죠. 이 부분은 한번 토론해보고 싶습니다.

리더 확실히 리더십과 관련된 선생님의 주장 속에는 경쟁에 대해 부정적인 표현이 여기저기에 보였습니다. 이런 선생님의 주장에 아오노 사장님은 위화감을 느끼시는 건가요?

아오노 아, 그런 것이 아니라, 선생님의 주장이 꼭 생산성, 경쟁력 향상과 상반되지는 않는다는 생각이 들어서입니다. 왜냐하면 저는 선생님이 주장하는 민주적 리더십으로 방향을 돌린 덕분에 회사의 생산성이 올라갔다고 생각하는 사람이기 때문입니다. 저는 실적 악화와 높은 이직률로 많이 괴로워한 끝에 직원들의 의견에 귀 기울이게 되었습니다.

선생님 앞에서도 말씀하셨죠.

아오노 네. 그 결과 저는 혼자서 팀을 이끌어가겠다는 생각을 그만두게 되었습니다. 그러자 직원들도 저의 의견을 들어주기 시작했습니다. 모두에게 동기부여가 되었고, 한 사람 한 사람이 회사와 사회에 공헌하고 싶다는 마음을 축으로 삼아 스스로 생각하고 행동하게 되었습니다. 조직 안에서 거짓말을 하는 일도 사라지고, 그런 가운데 실적도 상당히 향상되었습니다. 다시 말해 리더십의 방식을 바꾼 결과 생산성이 올라간 것입니다. 그러므로 선생님께서 말씀하시는 민주적 리더십과 자본주의 시장의 경쟁력은 양립할 수 있지 않은가 하고 생각했습니다. 어떤가요?

선생님 저는 경쟁에는 기본적으로 반대합니다. 아들러는 경쟁이 정신 건강에 가장 해가 된다고 말했죠. 저도 그렇게 생각합니다. 경쟁에서 이긴다고 해도 좋은 것이 아닙니다. 한 번 이기더라도 또 언제 어느 때 질지 모르는 것이죠. 그렇게 언제 질지 몰라 모두가 전전긍긍하는 사회는 좋지 않다고 생각합니다. 이긴 사람이 있다면 진 사람도 있을 것이고, 그렇게 되면 사회 전체로 봤을 때 플러스마이너스 제로입니다. 그런 사회가 되어서는 안 된다고 생각합니다. 다만 '저런 사람이 되고 싶어'라고 생각할 만한 사람이 있는 것은 좋다고 생각합니다. 이것을 '라이벌'이라고 불러도 좋겠죠. 그런 롤 모델이 있는 것은 좋은 일이라고 생각합니다. 그런 사람을 목표로 힘을 내는 것은 생산성을 높이는 원동력이 됩니다. 하지만 그렇다고 해서 그 사람을 이기려고 생각하지는 않아도 괜찮습니다. 그 사람은 그 사람의 방식으로 일하는 것일 뿐입니다. 그것은 제가 앞에서 말했던 건강을 해치는 경쟁과는 다른 의미의 '경쟁심'일지도 모릅니다. 모두가 이런 마음가짐으로 일한다면 사회는 많이 변화할 것입니다.

리더　　좋은 방향성이군요.

선생님　무엇보다 중요한 것은 자립하는 것입니다. 누구나 자신의 판단으로 이 일을 하자고 생각할 수 있는 사회를 만들어가야만 합니다. 상벌 주의 경영에 있어 동기부여의 원천은 혼나지 않기, 칭찬받기에 있고, 그런 조직은 혼나지 않게 일하고, 칭찬받지 않는다면 일하지 않는 사람을 키워냅니다. 그런 사람들을 많이 키워낸 결과가 지금의 사회입니다. 미래에는 확실하게 자립해서 자신의 판단대로 움직일 수 있는 사람을 키워야만 합니다. 그런 의미에서 자립을 시킨다는 표현도 잘못된 것입니다. 누군가가 자립시켜준 사람은 자립했다고 말할 수 없습니다. 자립은 시켜주는 것이 아닙니다. 팀원이 스스로 자립할 수 있도록 리더는 용기를 줄 수 있을 뿐입니다.

아오노   음, 그렇군요.

선생님   그렇게 생각하다 보면 그 끝에는 생산성 향상이 있을 것이라 생각합니다. 생산성 향상은 기본적으로 나쁜 것이 아닙니다. 하지만 그 결과 자신의 행복감이 줄어드는 것은 이상한 일입니다. 생산성도 올라가고, 돈도 많이 벌고, 승진도 했지만 스스로 조금도 행복하지 않다고 생각하게 되는 방식으로 팀원들을 일하게 해서는 안 됩니다. 아오노 씨의 책을 읽으면서 사이보즈라는 회사에 정말로 놀랐습니다. 처음에는 굉장히 높았던 이직률이 점차 낮아졌다고 했죠. 다만 이직도 기본적으로 나쁜 것은 아닙니다. 저도 아오노 씨도 이전에 일했던 직장이 있기 때문에 지금의 일을 하고 있는 것이니까요. 그런 의미에서 이 사람은 우리 회사에서 일하는 것보다 다른 회사에서 일하는 편이 좋겠다는 판단을 내릴 정도의 상사가 있다면 팀원은 자신이 가진 재능을 그 조직을 위해 기꺼이 발휘할 거라고 생각합니다. 그것을 자신의 판단대로 선택할 수 있다는 것이 가장 중요한 부분입니다. 그렇게 생각해보면 역시 이직하려는 사람을 붙잡아서는 안 됩니다. 사이보즈는 이 부분에 대해서도 시스템을 준비해두었죠.

아오노   자기 계발 휴가 말씀이군요. 사이보즈를 퇴직할 때 희망자에게는 최장 6년간 사이보즈로의 복귀를 보증합니다.

선생님   역시 자유롭게 일하는 것이 중요하죠.

아오노   맞습니다. 지금의 코로나 시대에 우리는 사람이기 때문에 아무래도 초조해지고 중심축을 자꾸 잃어버리기 쉽습니다. 선생님은 비상시의 리더십이 어때야 한다고 생각하시나요? 생산성과 경쟁이라는 주제에서는 조금 벗어나지만, 이 기회에 꼭 의견을 들어보고 싶습니다.

선생님   지금 우리가 직면하고 있는 상황은 누구도 경험한 적이 없는 것입니다. 어떻게 하면 좋을지를 아는 사람은 아무도 없습니다. 그렇기 때문에 리더들도 자신은 불완전하다고 말할 수 있는 용기를 가져야만 합니다. 그리고 한번 정한 것을 고집하지 않아야 합니다. 틀렸다고 생각되는 순간 물러설 줄 아는 용기가 있다면 상황은 많이 달라질 것입니다. 그리고 무엇보다도 개인뿐만 아니라 조직, 사회, 세계에 대해서 생각할 수 있어야 합니다. 코로나는 리더 탓이 아닙니다. 그러므로 진실을 숨기지 말고, 자신이 어떻게 하는 것이 옳은지 모르겠다고 솔직히 밝혀야 합니다. 그리고 조직을 위해, 사회를 위해, 리더와 팀원이 협력 관계 안에서 이 사태를 극복해가는 용기를 가졌으면 합니다.

아오노 맞는 말씀입니다. 이런 때일수록 리더로서의 중심축이 직원들을 위해, 사회를 위해 일하는 것이라는 사실을 곱씹어야 합니다. 거기에 축을 두고 지금 무엇을 해야 하는지를 생각하며 도전해야 합니다. 물론 도전했을 때 실패할지도 모르지만요.

선생님 그렇습니다.

리더 그럼 지금까지 이야기 나눈 '비상시 리더십'의 포인트를 정리해보겠습니다.

① 스스로 불완전하다고 말할 수 있는 용기를 가진다.
② 틀렸다고 생각될 때 물러날 용기를 가진다.
③ 자신을 위해서가 아니라 조직을 위해, 사회를 위해

무엇을 할지 생각한다.

아오노 비상시 리더십을 정리해봤으니, 제가 앞에서 문제 제기한 경쟁 사회는 나쁜지에 대해 좀 더 깊은 논의를 해보고 싶습니다.

리더 네, 이야기가 조금 벗어났었군요. 선생님께서 인용하신 경쟁은 정신 건강에 가장 해가 된다는 아들러의 말이 굉장히 인상적이었습니다. 경쟁하는 사고방식은 확실히 정신 건강에 해가 되겠죠. 하지만 그런 어수선한 마음을 포함한 것이 향상심 아닐까요? 경쟁을 부정하면 경제도 인간도 성장하지 않는 것 아닐까요?

아오노 경쟁하지 않아도 생산성을 올릴 수 있다는 것이 선생님의 이야기였습니다. 그 말을 듣고 저는 경쟁과는 또 다른 의미의 표현을 만들어내야 하는 것이 아닌가 생각했습니다. 쌍방이 이기는 경쟁의 개념이 필요할까요?

선생님 이것도 앞선 이야기와 반복되는 것이지만, 경쟁과는 관계없이 롤 모델이 있는 것은 좋습니다.

아오노 다른 사람에 대한 존경이 동반된 비교의 개념을

만드는 것이 행복하고 생산성 높은 사회를 만들기
위해 필요할지도 모르겠군요.

누구나 내일 일할 수 없을지도 모른다

선생님 아들러는 '우월성의 추구'라는 개념을 사용했습니
다. 하지만 이 말은 아들러가 살아 있던 시기에도
잘못 이해하는 사람이 많았습니다. 우수한 인간이
고 싶다고 소망하는 것 자체는 잘못된 일이 아니
지만, 거기에는 아무래도 사다리를 타고 아래에서
위로 올라가는 이미지가 떠오르기 마련입니다. 그
렇게 되면 이미 위에 있는 사람들을 끌어내리자는
발상으로 이어져 경쟁을 조장하는 것이죠. 그러므
로 아들러 연구자 중에는 우월성의 추구를 상하가
아닌 전후로 표현하자고 주장하는 사람도 있습니
다. 같은 평면상 앞에서 걷는 사람이 있다면 뒤에
서 걷는 사람도 있다는 것이죠. 그렇게 되면 경쟁
을 떠올리지 않을 것이라고요. 하지만 저는 그것만

으로는 충분하지 않다고 생각합니다. 앞에서 걷는 것이 우수하고 뒤에서 걷는 것이 무능하다고 생각하는 사람이 반드시 나타날 것이기 때문입니다. '경쟁'이라는 말의 쓰임을 바꿔야 할 필요는 분명히 있습니다. 사회에는 일하는 사람도, 일하지 않는 사람도 있고 일시적으로 일할 수 없는 사람도 있기 때문에 모든 사람이 잘 살아갈 수 있는, 진짜 다양성이 인정되는 사회를 만들어야만 한다고 생각합니다. 예전에 한 진료소에서 근무했을 때의 일을 잠깐 이야기해볼게요. 그 진료소에는 데이케어(daycare) 프로그램이 있어서 60명 정도의 환자가 매일 내원했습니다. 그리고 매일 모두가 함께 요리를 했죠. 60명 정도 분량의 식재료를 사 와 조리하는 일은 대단히 번거로운 작업입니다. 장을 보러 갈 거라고 함께 갈 사람을 모집해도 60명 중 호응하는 사람은 5명 정도뿐입니다. 장을 봐 온 후 요리를 도와달라고 말하면 그때도 5명 정도만 도와줍니다. 그렇게 드디어 밥이 완성되면 진료소 어딘가에 있던 환자들이 모두 모여 함께 밥을 먹습니다. 아무도 컨디션이 좋지 않아 도와주지 못하고 먹기만 하는 환자를 비난하지 않습니다. 왜냐하면 누구든 내일은 컨디션이 나빠져서 장 보는 것도, 요리하는 것도 도와줄 수 없을지 모른다고 생각하기 때문입니다. 그곳의 환자들을 보면서 저는 이것이 건강한 사회의 축소판이라고 생각했습니다. 다양한 사정으로 일을 할 수 없더라도 그 사람을 생산성이라는 관점에서 가치가 없다고 치부해버리는 사회가 되어서는 안 된다고 생각했습니다.

아오노   그 말씀을 듣고 생각난 것이 있습니다. 오사카에 있는 '파푸아뉴기니해산'이라는 회사입니다. 파푸아뉴기니에서 수입한 새우를 가공해서 판매하는 직원 십여 명의 회사인데, 출근하는 것도 출근하지 않는 것도 자유로운 곳입니다.

선생님   놀랍군요.

아오노   그런데 더 놀라운 것은 매일 누군가는 출근을 한다는 것입니다. 과거에 딱 한 번 아무도 출근하지 않았던 날이 있었다고는 들었습니다. 그런데도 돌아가는 조직을 만들고 있는 것입니다. 더욱 놀라운 것은 싫어하는 일을 하지 않아도 된다는 것이었습니다. 예를 들어 새우 무게 재는 것은 좋아하지만 튀김옷 입히는 것이 싫다고 말하면 튀김옷 입히는 작업에서 면제받을 수 있다는 것입니다. 그렇게 회사가 일하는 사람들에게 동기부여를 하자, 그만두는 사람이 줄어들고 입사를 희망하는 사람이 늘어났습니다.

선생님 누군가가 지켜보지 않을 때 사람들이 일하지 않는다는 것은 오해입니다. 자유로운 환경에 놓여 있을 때, 공헌감을 가질 수 있다고 생각한다면 모두 일을 합니다. 자신이 할 수 있는 범위에서 일합니다. 그것이 진짜 의미의 자립이죠. 그러므로 리더는 지시를 내리기보다는 모델이 되어야만 한다고 생각합니다.

아오노 상당히 흥미로운 시각이군요.

선생님 상사를 보고 즐거워 보인다고 생각할 수 있다는 건 좋은 일입니다. 물론 지금 힘들지만 그것이 전혀 괴롭지 않다는 사람은 분명히 있고 그것도 멋있습니다. 그렇다고 해서 '내가 이렇게 일하고 있으니 너희도 똑같이 해!'라는 태도를 취한다면 블랙 기업이 되어버릴 것입니다. 아오노 씨도 마찬가지라고 생각합니다만 저는 프리랜서로 일하고 있

는 하드워커입니다. 아침 일찍부터 늦은 밤까지 손
자와 노는 시간을 제외하고는 거의 일을 하고 있
습니다. 그러나 그렇게 일하는 방식을 다른 사람에
게는 절대로 강요하지 않습니다. 그저 제가 이런
식으로 즐겁게 일하고 있다는 것을 누군가가 봐주
거나, 그렇게 일해서 만들어진 책을 재밌게 읽어준
다면 그것이 전체의 생산성 향상에 공헌하는 것이
되겠죠.

아오노   행복하게 생산성을 높인다…. 다양한 사람들의 대
등한 관계로부터 가치가 만들어지는 이상적인 사
회군요.

리더   분명 선생님이 말씀하시는 것처럼 공헌에 초점을
맞추는 것이 가능하다면 일을 둘러싼 제 마음의
소란도 조금은 사그라들 것 같습니다.

불완전할 용기를 가져라

◆ 이즈모 미쓰루와의 대화 ◆

이즈모 미쓰루(出雲充)와 바이오 기업 '유글레나'

1980년에 태어나 도쿄대학 농학부를 졸업했다. 2002년에 도쿄 미쓰비시은행에 입사했으며 2005년 8월에 유글레나를 창업했다. 유글레나를 설립한 계기는 도쿄대학 재학 중에 방글라데시를 방문했을 때로 거슬러 올라간다. 그곳에서 확실하게 존재하는 진짜 빈곤을 목격한 것이다. 심각한 영양 부족과 식량 부족을 목격한 그는 미세조류인 유글레나(연두벌레)를 이용한 사업을 시작하기로 한다. 유글레나를 창업한 2005년 말 유글레나의 대량 배양에 성공하였고, 이후로 이를 활용한 건강식품이나 화장품 사업 등을 전문으로 하고 있으며 이산화탄소 배출량을 현저히 줄일 수 있는 연료 또한 꾸준히 개발하고 있다. 현재 유글레나의 시가총액은 1조 원을 넘기는 등 전 세계적으로 주목받고 있다.

선생님	이즈모 씨, 처음 뵙겠습니다. 하지만 어쩐지 처음 뵙는 것 같지 않은 기분이 드네요.
이즈모	드디어! 고민하는 청년이 마침내 철학자를 만났습니다. 영광입니다.
리더	이즈모 사장님은 선생님의 베스트셀러 『미움받을 용기』의 열렬한 애독자라고 알고 있습니다.
선생님	안 그래도 이즈모 씨가 인터뷰나 서평으로 『미움받을 용기』를 언급해주셔서 알고 있었습니다.
이즈모	네, 맞습니다. 오늘 대화의 주제는 리더십이지만, 오랫동안 만나고 싶었던 선생님을 드디어 만났기 때문에 이야기 나누기 전에 먼저 감사를 전하고 싶습니다. 『미움받을 용기』가 출간된 2013년 이후 큰 변화와 위기가 생길 때마다 저는 항상 이 책의 도움을 받아왔습니다.
리더	인터뷰 기사 등을 보면 이즈모 사장님이 특히 감명받은 것은 다음 두 가지였더라고요.

① 원인론이 아니라 목적론
② 공동체 감각

미래를 스스로 선택하기

이즈모   네, 『미움받을 용기』에 비유하자면 '청년'인 저는 오늘 '철학자'인 선생님과 이 두 가지에 대한 대화부터 해보고 싶습니다. 2011년 동일본대지진이 일어났을 때의 일입니다. 이와테현 가마이시시에는 저희의 연구 파트너가 있었습니다. 저희 회사는 유글레나를 비롯해 미세조류의 힘으로 지속 가능한 사회를 만드는 것을 목표로 하고 있는데, 그 연구를 함께하는 해양 바이오테크놀로지 연구소가 가마이시에 있었던 것이죠. 이 연구소가 지진 해일로 붕괴된 후 저는 도호쿠로 발길을 옮겨 가마이시 외에도 피해를 입은 아오모리현, 이와테현, 미야기현의 마을을 몇 곳인가 방문했습니다. 그때 행정을 담당하고 있는 사람의 안내로 파친코 가게를 견학했습니다. 또 다른 곳에서는 초등학생 정도 돼 보이는 어린이들이 춤추고 있는 모습을 봤습니다. 재해를 입은 아이들이 배운 춤을 지방의 요양시설에 있는 할아버지, 할머니들에게 보여줘서 그들이 기운을 낼 수 있도록 하는 것이었습니다. 무너진 건물 잔해 등을 치우러 온 자위대 사람들에게도 춤을 보여주고 감사의 그림 편지를 그리기도 했습니다. 이 모습은 제 마음속에 깊은 울림을 주었습니다. 그리고 2년 후 『미움받을 용기』를 처음 읽었을 때 그때의 풍경이 머릿속에 스쳐 지나갔습니다. 앞부분에 나오는 글 때문이었습니다.

불안하기 때문에 밖으로 나오지 못하는 것이 아닙니다. 거꾸로 밖으로 나가고 싶지 않기 때문에 불안이라는 감정을 만들어내고 있는 것입니다.

그 마을에서 본 풍경이 바로 이거였습니다. 의욕을 잃어버린 것처럼 보였던 사람들의 모습, 그것은 인과율에 갇힌 사람들의 모습이었다는 걸 알게 되었습니다.

리더 재해를 입었기 때문에 의욕을 잃고 앞으로 나아가지 못하는 것이 아니라 앞으로 나아가고 싶지 않기 때문에 재해를 입어 의욕을 잃었다는 인과율을 만들어내고 있다는 것이군요. 마치 방 안에 틀어박혀 지내기 위해 절망을 만들어내는 것과 같다고 생각하신 거군요. 가혹한 말씀이긴 합니다만.

이즈모　　『미움받을 용기』에서도 마찬가지죠. 청년이 주장하는 논리는 가짜입니다. 부모로부터 학대받았기 때문에 방 안에 틀어박혀 나오지 않게 되었다는 논리 말입니다. 보편적으로 누군가의 현재가 과거에 일어난 일에 따라 규정된다고 한다면, 부모에게 학대받으며 자란 사람은 모두 방 안에 틀어박혀 지내야 한다고 철학자는 청년의 논리를 반박합니다. 여기에서 등장하는 논리가 바로 목적론입니다. 과거의 트라우마에 얽매인 원인론을 부정하고, 과거와 관계없이 미래를 스스로 선택한다는 사고방식이죠.

희망을 잃을 수 없는 마음

리더　　이 사고방식에 이즈모 사장님은 큰 감명을 받으셨군요. 이것 말고도 '공동체 감각'에 감명받으셨죠?

이즈모 그렇습니다. 재해지에서도 할머니, 할아버지를 위해 춤을 추던 아이들은 주위 사람들에게 도움이 되기 위해 열심히 노력합니다. 선생님께서 말씀하신 공동체 감각을 가지고 있었습니다. 재해를 입은 곤란한 상황에서도 아이들이 활기찰 수 있었던 것이 공동체 감각 때문이었다는 걸 이 책을 통해 깨달았습니다. 그래서 저는 회사가 큰 변화나 위기를 맞을 때마다 이 책을 다시 읽어보고 공동체에 공헌하겠다는 마음가짐을 다시 한번 다집니다. 무언가 망설이게 될 때면 길잡이로 삼은 『미움받을 용기』를 애독했습니다. 그런 인생의 지침을 받은 것에 우선 깊은 감사를 드리고 싶습니다.

선생님 지금 이즈모 씨의 말을 듣고 제 자신도 새삼스럽게 깨달은 것이 있습니다. 괴로움 속에 있는 인간이 어떻게 하면 구원받을 수 있을까? 저는 오랫동안 그 질문에 대한 답을 찾으려 노력했습니다. 전염병이 만연한 지금 상황에서는 더더욱 그렇습니다. 이런 상황에서 어떻게 해야 사람들이 희망을 찾을 수 있을까 하는 고민을 늘 하고 있습니다.

리더 철학자로서 말씀이시죠?

선생님   네, 특히 어린이들과 젊은 사람들에게는 지금 같은 상황이 많이 괴롭겠지만 그렇다고 해서 너무 절망하지는 않기를 바랍니다. 이즈모 씨는 이미 아시겠지만, 우리 모두는 동료지 적이 아닙니다.

이즈모   네, 물론이죠.

선생님   어떤 무서운 일이 일어나더라도 우리 주위 사람들은 동료이지 적이 아닙니다. 주위 사람들을 믿을 수 없다면 다른 사람에게 도움을 요청해야겠다는 생각을 할 수 없고, 거기에 더해 다른 사람에게 공헌해야겠다는 마음도 가질 수 없습니다. 다른 사람에게 공헌하겠다는 마음을 가질 수 없다면 괴로운 상황에서 희망을 가질 수도 없습니다. 괴로운 상황에서 희망을 갖기 위해서는 자신이 다른 사람에게 도움이 된다는 감각을 가지는 것, 즉 공헌감을 가지는 것이 중요하다고 생각합니다. 재해지의 사람들도 마찬가지입니다. 고난을 딛고 일어서기 위해서는 아이들의 공헌감이 필요합니다. 그렇게 되면 아이들은 세상에 대한 신뢰감을 높이고 괴로움 속에서도 희망을 찾을 수 있습니다. 철학자 미키 기요시(三木清)는 이렇게 말했습니다. "나는 미래에

대한 희망을 잃을 수 없었다." 미키 기요시는 스물세 살에 이 말을 썼습니다. 『말할 수 없는 철학(語られざる哲学)』에 나오는 한 구절입니다. 미키 기요시는 1945년 9월에 마흔여덟 살의 나이로 옥사했습니다. 정치범으로 수감되어 패전 후 한 달이 넘도록 석방되지 못하고 세상을 떠난 것입니다. 『말할 수 없는 철학』을 썼을 때 미키는 어째서 '희망을 잃지 않았다'가 아니라 '희망을 잃을 수 없었다'라고 썼을까요? 사람은 혼자 살아갈 수 없습니다. 항상 다른 사람과 연결되어 살아가죠. 희망은 다른 사람으로부터 건네받은 것이기 때문입니다. 희망이란 내면에서 탄생하는 것이 아니라 다른 사람으로부터 받는 것이기 때문에 희망을 잃을 수는 없습니다. 그렇기 때문에 우리도 괴로움 속에 있는 사람들에게 힘이 되고 싶다고 생각하고, 지금 가능한 일을 해나가야만 합니다. 저는 오늘 대담에 앞서 이즈모 씨의 저서 『나는 연두벌레로 세계를 구하기로 마음먹었다(僕はミドリムシで世界を救うことに決めました)』를 읽었습니다. 방글라데시의 빈곤 문제를 시작으로 지구 생태계, 그리고 우주까지 담은

상당히 스케일이 큰 책이었고, 이즈모 씨가 이런 의식을 가지고 사업을 하고 있다는 것이 흥미로웠습니다.

신용보다 강한 신뢰의 힘

이즈모 감사합니다. 말씀하신 책에도 썼지만 저는 열여덟 살이던 1998년에 방글라데시에서 영양실조인 아이들을 보고 영양이 풍부한 식재료를 찾겠다는 일념만으로 생물학을 배워서 유글레나라는 조류를 알게 되었습니다. 방글라데시에서 만났던 제 스승은 무함마드 유누스(Muhammad Yunus) 선생님입니다. 빈곤한 사람들을 위해 그라민은행(Grameen Bank)을 만든 분입니다. 열여덟 살 때 저는 그라민은행의 인턴으로 방글라데시를 방문하여 유누스 선생님과 인연을 맺게 되었습니다. 유누스 선생님이 만든 은행의 획기적인 시스템은 신용이 아니라 신뢰를 바탕으로 대출을 해주는 것이었습니다. 일반적인 은행은 신용을 바탕으로 대출을 해줍니다. 담보와 보증인, 실적에 따라 신용도를 측정하고 대출 여부를 결정합니다. 하지만 유누스 선생님은 세계에서 가장 빈곤한 사람들에게 연 수입과 같은 3만 엔(약 28만 원)을 무담보, 무보증으로 대출해줬습니다. 신용이 아니라 신뢰를 바탕으로 한 대출이었습니다. 그 결과는 어땠을까요? 비료를 살 수 있게 돼 농작물의 수확량이 늘어나기도 했고, 그 덕분에 수입이 배가 되기도 했습니다. 인간의 노력만으로는 지금까지 해온 일의 두 배를 한다고 해도 농작물의 수확량이 두 배가 될 수는 없습니다. 하지만 거기에 조금의 자본이 더해져 비료를 살 수 있다면 연 수입이 두 배가 되어 3만 엔을 상환할 수 있게 됩니다. 그리고 그라민은행은 그렇게 되돌려 받은 3만 엔을 다시 다른 빈곤한 사람들에게 대출해줍니다. 유누스 선생님은 이런 일을 900만 명이 넘는 빈곤 가구에 해줬습니다. 신용이 아니라 신뢰를 바탕으로 무담보 무보증 대출을 이어가자 방글라데시에 살고 있는 빈곤 가구들의 생활이 풍요로워졌습니다. 그의 이런 활동을 직접 경험한 것에서부터 유글레나 사업은 시작되었습니다. 신용과 신뢰의 차이에 대해서는 선생님도 반복해서 말씀하셨죠. 유누스 선생님을 스승으로 삼은 제게는 상당히 익숙한 사고방식입니다. 하지만 이것이 더 많이 알려지기를 바라고 있습니다. 이를테면 벤처투자를 비롯해 육아는 물론 직장의 리더십에 있어서도 말이죠.

리더 은행은 일반적으로 신용을 바탕으로 대출을 해줍니다. 하지만 그라민은행은 신뢰를 바탕으로 대출을 해줘서 빈곤의 연쇄를 끊었을 뿐만 아니라 그것이 지속 가능한 모델인 것도 증명했습니다. 그런 그라민은행의 창업자인 유누스 선생님과의 교류가 있었기에 이즈모 사장님은 선생님이 주장하는 '신용과 신뢰'에 강한 감명을 받은 것이군요.

이즈모 2006년에 노벨평화상을 수상한 유누스 선생님은 사업에 있어서 저의 스승입니다. 그런 유누스 선생님과의 만남으로부터 10여 년이 지나『미움받을 용기』를 읽고 선생님의 이야기를 처음으로 접했습니다. 처음부터 이 책이 익숙했던 이유는 '신용이 아니라 신뢰를 토대로 해야 한다'는 선생님의 사고방식이 유누스 선생님과 같았기 때문이죠.

리더   신용과 신뢰에 대해 『미움받을 용기』에서 인용해
보겠습니다.

여기에서는 '믿는다'라는 말을 신용과 신뢰로 구별하
여 생각합니다. 우선 신용이란 조건이 붙은 이야기입
니다. 영어로 말하면 크레딧(credit)이 되죠. 예를 들어
은행에서 돈을 빌리려고 할 때는 무언가 담보가 필요
합니다. 은행은 그 담보의 가치에 대해서 '그 정도 담
보라면 이만큼 빌려주겠다'고 대출 금액을 산출합니
다. '당신이 상환해준다면 빌려주겠다', '당신이 상환
가능한 만큼만 빌려주겠다'는 태도는 신뢰가 아니라
신용입니다. 그러나 대인 관계의 기초는 신용이 아닌
신뢰에 의해 성립된다고 생각하는 것이 아들러 심리
학의 입장입니다. (그 경우의 신뢰란) 다른 사람을 믿는
것에 있어 아무런 조건을 붙이지 않는 것입니다.

이즈모   그라민은행은 그렇게 아무 조건 없이 무담보 무보
증으로 대출을 실시하여 그중 약 99퍼센트를 상환
받았습니다. 반면에 일본의 은행은 계약서로 시시
콜콜 상대를 속박하여 많은 담보를 요구하면서도
대출해준 돈을 회수하지 못하여 (은행 전체로 볼 때)

수십조 엔이 넘는 불량 채권을 떠안고 곤란한 상황에 있습니다. 이런 상황이 어쩐지 어처구니없게 느껴졌습니다. 대출 때문에 고생해본 경험이 없는 경영자는 없을 겁니다. 저도 마찬가지입니다. 회사를 세울 당시 은행을 찾아갔던 저도 그랬습니다. 유글레나를 원료로 하는 항공유를 실용화하기 위해 자금 조달을 받고 싶다고 하니 저에게 담보는 있는지, 실적은 있는지를 묻더군요. 담보와 실적. 은행에서는 반드시 이 두 가지를 물어봅니다. 하지만 세계 어디를 가도 새로운 것에 도전하는 젊은이나 스타트업에 담보와 실적이 있을까요? 애초에 담보와 실적을 요구하는 것 자체가 모순입니다. 새로운 도전인데 담보와 실적이 없어 시작할 수 없다면 혁신은 절대 일어날 수 없죠. 이 모순을 깨닫지 못한 사람이 아직 많다고 생각합니다. 저는 다행히 실적과 담보, 신용 없이도 저를 믿어보겠다는 동료와 기업을 많이 만나서 지금까지 올 수 있었습니다. 물론 신용을 바탕으로 한 판단은 비즈니스에서 중요하지만, 신뢰를 바탕으로 판단해주지 않는다면 새로운 비즈니스에 도전할 수는 없습니다. 이 사실을 리더들이 꼭 이해해줬으면 좋겠습니다. 신뢰를 바탕으로 한 도전에서 새로운 비즈니스를 성장시키는 방식을 옛날 리더들은 알고 있었습니다. 하지만 지금은 모두가 잊어버렸죠.

선생님　이즈모 씨도 마찬가지였다는 걸 저서를 읽고 알게 되었습니다만, 젊었을 무렵 제 예금통장에는 아주 적은 돈이 들어 있었습니다. 당연히 은행에 갔을 때 누군가가 저를 상대해주는 일은 없었죠. 그런데『미움받을 용기』가 출간된 후 갑자기 은행에서 전화가 걸려 왔습니다. "다이아몬드사라는 곳에서 어제 입금이 되었는데, 무슨 일인지 아십니까?"라고요. 늘 잔고가 적었던 계좌에 상당한 금액이 입금되자 수상하게 여긴 모양입니다.

이즈모　그런 일이 있었군요!

선생님　책을 출간한 지 얼마 안 됐던 때여서 그렇게 큰 금액이 아니었는데도 평소 저의 잔고와 비교해보면 천문학적인 숫자였습니다. 그 후 은행에 볼일이 있어서 방문할 때면 대출 담당자가 후다닥 뛰어나왔습니다. 그리고 투자신탁을 추천해주기도 했죠.

이즈모　너무하네요! 무례한 것 같아요.

선생님   돈으로 사람을 판단하는 것은 기분 나쁜 일이지만 자신에게 득이 될 사람과 아닌 사람을 나누고 태도를 달리하는 사람들은 실제로 많습니다. 어찌 됐든 『미움받을 용기』를 출간하기로 결정한 것은 출판사 입장에서는 모험이었을 겁니다. 저는 무명의 저자였고, 비슷한 책은 과거에 없었으니까요. 그런데도 출판사가 그런 모험에 발을 들여놓은 것은 신뢰가 있어서 가능한 일이었습니다. 이 책의 기획이 통과되었을 때 그 뒤에 있던 것은 신용이 아니라 신뢰였습니다.

리더   처음부터 성공이 약속되어 있었던 것이 아니라 오히려 리스크가 높은 프로젝트였군요.

이즈모   그랬던 책이 지금은 전 세계 시리즈 누적 판매 부수가 900만 부가 넘는 베스트셀러가 되었습니다. 현대의 새로운 고전이라고 불리기에 충분한 명저라고 생각합니다.

선생님   이렇게 출판사도 일반적으로는 새로운 것에 진중한 태도를 취합니다. 기획 회의에서 가장 많이 듣는 말이 "비슷한 책이 있나요? 있다면 얼마나 팔렸나요?"라고 합니다. 그러나 잘 팔린 책과 유사한 책을 출판하면 그럭저럭 팔리는 책이 될지는 모르지만 베스트셀러는 쉽게 만들 수 없습니다. 출판하면 반드시 팔릴 것이라고 장담할 수 있는 책은 없습니다. 하지만 도전하지 않으면 세상을 바꾸는 책은 탄생하지 않습니다. 리더들은 이 사실을 잘 이해하고 있어야 합니다. 젊은 직원이 팔릴 것이라고 생각하는 상품의 기획서를 가지고 왔을 때 상사가 그 자리에서 잘라버린다면 혁신은 끝내 일어나지 않습니다. 혁신이 필요하다면 젊은 사람이 도전하려고 할 때 실패할 것 같다는 생각이 들더라도 밀어줘야 합니다. 그럴 때 반드시 필요한 것이 바로 신뢰, 신뢰할 용기입니다. 보통의 대인 관계에서도 마찬가지입니다. 오랫동안 등교를 거부하던 아이가 갑자기 '내일부터 학교에 갈래'라고 말하는 경우가 있습니다. 그때 부모님은 이렇게 말할 가능성이 큽니다. '어차피 또 일주일 지나면 안 갈 거잖아.' 그렇게 처음부터 아이의 용기를 꺾어버리는 일이 자주 생기는 것이죠. 친구가 '내일부터 다이어트할 거야'라고 말했을 때 이렇게 반응하는 것과 같습니다. '그런 말은 질리도록 들었어.' 이런 말은 절대 해서는 안 됩니다. 등교를 거부하던 아이가 학교에 가겠다고 말했을 때 부모는 지켜봐주거나 힘내라며 살짝 등을 밀어주었으면 좋겠습니다. 그러다 또다시 등교 거부를 하는 일이 반복되더라도 말이죠. '어차피 또'라는 부모의 태도가 아이의 용기를 꺾어버립니다. 현대의 인간관계가 전반적으로 신뢰가 아닌 신용에 중점을 두고 있는 것은 문제라고 생각합니다.

이즈모　부모 자녀의 관계에서나 비즈니스에서, 그리고 리더십에 있어서도 마찬가지입니다. 선생님은 상사와 팀원이 좋은 관계를 맺기 위한 조건으로 신뢰를 꼽습니다. 그리고 리더가 팀원의 무엇을 신뢰해야 하는가에 대해 다음 두 가지를 이야기하시죠.

첫째, 팀원에게 과제를 스스로 해결할 능력이 있다고 믿는다.
둘째, 팀원의 언행에 좋은 의도가 있다고 믿는다.

저는 이 두 가지가 리더에게 굉장히 중요하다는 사실을 절실히 느낍니다. 이 책을 통해 다양한 분야에서 리더의 역할을 맡고 있는 사람들에게 이 두 가지 신뢰의 중요성이 전해진다면 사회가 정말 좋아질 것이라고 생각했습니다.

선생님 네, 그렇습니다. 상사 입장에서는 팀원에게 과제를 스스로 해결할 능력이 없어 보인다고 생각할 수도 있습니다. 겉으로 보기에 믿음직스럽지 못하고 지금까지도 실패를 거듭해왔다면 또 실패할 것 같다고 생각할 가능성이 높죠. 하지만 그런 팀원이라 하더라도 신뢰해야만 합니다. 팀원에게 문제를 스스로 해결할 능력이 있다고 신뢰해야만 합니다. 그런 신뢰를 바탕으로 한 도전 기회를 부여받지 못한 팀원은 스스로 능력을 키울 생각을 하지 않습니다. 리스크는 있지만 도전하게끔 해준다, 실패한다면 상사인 내가 전부 책임진다, 이런 기개를 가지고 일에 임하는 리더는 실제로 있습니다. 그렇다면 '팀원의 언행에 좋은 의도가 있다고 믿는다'에 대해서도 이야기해보겠습니다. 일단 팀원이 상사에게 의견을 내는 것은 감사한 일입니다. '이 상사는 안 되겠어. 어떤 말을 해도 통하지 않아'라고 생각한다면 팀원은 아무것도 말하지 않고 포기할 것입니다. 물론 의견을 말하는 팀원은 많은 경우 상사의 아픈 곳을 찌릅니다. 그것이 허를 찌르는 의견이라면 상사에 따라서는 화를 낼지도 모릅니다. 하지만 그런 의견을 팀원이 굳이 말하는 이유는 '이 사람에게는 의견을 말할 수 있겠다'라는 생각으로 상사를 신뢰하기 때문입니다. 상사는 팀원의 그런 태도를 감사히 생각해야 합니다. 물론 팀원의 의견이 항상 옳은 것은 아닙니다. 잘못 이해한 부분이 있다면 그것을 분명하게 바로잡아야만 합니다. 그때 상사는 말로 설득해야 합니다. 혼내서는 안 되고, 더구나 팀원의 발언에 대해 불쾌하게 여기는 것은 상당히 어린아이 같은, 상사로서 가져서는 안 되는 태도라고 생각합니다.

.

'알겠습니다, 그러나'의 함정

이즈모   지금 막 상담하고 싶은 고민이 생겼습니다. 지금 껏 선생님 말씀을 듣고 저는 민주적 리더십에 대해 배웠습니다. 물론 듣는 동안에는 공감했습니다만 막상 실천하려고 하면 어쩔 수 없이 '이게 정말로 가능할까?'라는 생각을 하게 됩니다. 정말 부끄러운 이야기지만 말이죠.

선생님 구체적으로 어떤 부분인지 꼭 듣고 싶습니다.

이즈모 아… 게다가 그런 의문이 든 바로 다음에 제 마음을 꿰뚫어 본 듯이 선생님은 이런 말씀을 하시곤 했죠. "많은 사람이 '선생님 말씀은 잘 알겠습니다. 하지만!'이라고 말합니다. 영어로는 'yes, but'이죠. '하지만'이라고 말한 시점에서 당신은 이미 하지 않겠다고 마음먹은 것이나 마찬가지입니다. 어떻게 할지 고민하고 있는 것이 아닙니다." 제가 마침 '알겠습니다. 하지만!'이라고 마음속으로 생각했을 때 이렇게 말씀하시는 바람에 저도 모르게 웃음이 터졌습니다. 하지만 그런 말을 들어도 제 마음은 'yes, but'이었습니다. 선생님이 말씀하시는 민주적 리더십을 이해하고 받아들이면서도 '변하고 싶지 않다', '지금 이대로 있고 싶다', '새로운 것에 도전하면 실패하는 것 아닐까'라고 생각하는 것입니다. 그래서 오늘 선생님께 조언을 구하고 싶은 것이 두 가지 있습니다. 하나는 '과제의 분리'입니다. 아들러 심리학에 따르면 과제의 분리란 다양한 문제에 있어 최종적으로 곤란한 사람은 누구인가의 기준에 따라 누구의 과제인가를 명확하게 한다는 것이었습니다. 그리고 타인의 과제에는 원칙적으로 간섭해서는 안 되죠. 『미움받을 용기』에도 등장하는 사고방식입니다만 실천하기에는 상당히 어려운 부분이 많죠. 선생님의 전작 중 하나에는 아드님이 두 살 때의 에피소드가 나옵니다. 두 살 된 아들이 우유가 든 컵을 들고 걷기 시작했습니다. 아이의 불안정한 걸음을 보고 선생님은 아이가 우유를 쏟을 것을 예상합니다. 하지만 플라스틱 컵이라 큰 문제가 생기지는 않을 것이라고 판단해 아들이 우유 쏟는 것을 잠자코 지켜봤다고요. 우유를 쏟지 않고 마시는 것은 아들의 과제이지 부모인 자신의 과제가 아니라는 것이었습니다. 저도 아이가 있지만 같은 상황에서 그렇게 할 수 있을지…, 저는 도저히 가능할 것 같지 않습니다.

선생님   당연히 아들이 위험한 일을 저지를 것 같을 때는 제지해야만 합니다. 그러나 제지하기 위해서 혼낼 필요는 없습니다. '그만해'라고 말하는 것만으로 충분합니다. 중요한 것은 같은 실패를 반복하지 않는 것입니다. 그러기 위해서 어떻게 하면 좋을지 물어봐야 합니다. 필요하다면 가르쳐줘야겠지만 가르칠 때도 혼낼 필요는 없습니다.

이즈모 저는 아이뿐만 아니라 회사에서 함께 일하는 동료를 대할 때도 그렇습니다. 때때로 '이것은 전에도 했던 거잖아!'라고 소리치고 싶은 것을 꾹 참으면서 가능한 화를 내지 않으려고 합니다. "왜 못했다고 생각하세요?", "스스로 설정한 목표의 10퍼센트에도 도달하지 못했죠? 어째서 이런 목표를 설정했는지 떠올려보세요"라고 말하기도 합니다. 하지만 그래도 역시 화가 조금 섞여 있는 것이 전해져서 상대를 위축시키는 것 같은 느낌이 듭니다. 과제를 분리하기 위해 부단히 노력하는데도 여전히 아이나 팀원에게 개선을 요구할 때 문제를 어떻게 전달하면 좋을지 고민하고 있습니다.

선생님 두 번째 고민은 무엇인가요?

이즈모 두 번째로 조언받고 싶은 부분은 감사 인사와 관련된 부분입니다. 선생님께서 주장하시는 민주적 리더십의 결론은 '고마워'라는 힘 있는 말의 중요성에 있다고 생각합니다. 아이나 팀원을 혼내지 않고, 칭찬하지 않고, 고맙다는 감사의 말을 전하는 것이 선생님이 강조하고자 한 방식이라고 생각합니다. 그래서 저도 세계에서 가장 고맙다는 말을 많이 하는 사장이 되어야겠다고 결심하고 사내에도 대대적으로 선언했습니다. 그런데도 '이 사람이 정말 최선을 다한 걸까?' 하고 자꾸 의문을 품게 되는 것입니다. 직원들의 장점을 찾아내서 고맙다고 말해도 도무지 진심이 담기지 않는다고 할까요? 쉽지 않았습니다.

선생님 그렇죠.

이즈모 분명히 선생님도 이것이 힘든 일이라는 것을 알고 계시기 때문에 몇 번이고 반복해서 쓰셨을 테고, 'yes, but'의 이야기도 쓰셨던 거라고 생각합니다. 저처럼 선생님의 책을 읽고 이런 방식을 시도해보고 싶다고 생각하면서도 좀처럼 실천하지 못했던 사람이 많을 것이라고 생각합니다. 저 같은 사람들을 위한 조언을 듣고 싶습니다.

선생님 그렇다면 'yes, but'의 문제부터 답해드릴게요. 앞에서도 말했지만 '알겠습니다. 하지만'이라고 말하는 사람은 '해보자'라는 마음과 '하고 싶지 않다'라는 마음이 서로 대치하고 있는 것이 아닙니다. '하지만'이라고 말한 시점에 이미 하지 않겠다고 마음먹은 것이죠.

이즈모 　그렇군요.

선생님 　제 책에 나오는 글을 읽고 '하지만'이라고 말하고 싶어졌을 때 말을 그만둬보는 것은 어떨까요? '고마워'라는 말도 처음에는 할 수 없을 것처럼 느껴집니다. 하지만 아무리 얼굴이 굳어도 괜찮으니 고맙다고 일단 말해보세요. 그렇게 말해본 후에 일어나는 변화를 관찰해보면 좋겠습니다. 아들러는 '열등 콤플렉스'라는 표현을 사용했습니다. 열등 콤플렉스란 'A이기 때문에 B 할 수 없다', 'A가 아니기 때문에 B 할 수 없다'라는 논리를 일상생활 속에서 많이 사용하는 것입니다. 바로 이 'A'에 누가 봐도 어쩔 수 없다고 생각될 법한 이유를 대는 것이죠. 예를 들면 '과거의 이런 경험이 트라우마가 되었다' 같은 식입니다. 이런 식으로 말하는 사람은 'yes, but'을 말할 때도 'but'의 뒤에 늘어놓을 이유를 산더미처럼 쌓아놓고 하지 말자는 결심을 굳힙니다. 이 상태에서 벗어나기 위해서는 일단 'but'을 말하지 않을 용기를 가질 필요가 있습니다. 그러나 이즈모 씨는 자신의 부족함을 이미 인식하고 있는 사람입니다. 좀 전에 스스로 다 알고 있다고 말씀하셨다면 오늘 이 대담을 여기서 끝내고 돌아갔을지도 모르죠. 알고 있다고 말하는 사람이 전혀 모르는 경우가 많습니다. 이즈모 씨처럼 내겐 아직 모르는 것, 해내지 못한 것이 있다는 걸 인식하는 것은 중요한 일입니다.

리더　오히려 영원히 초급자여야만 할지도 모르겠군요.

선생님　위에서 여러 번 언급되었던 『리더는 칭찬하지 않는다』는 제가 처음으로 리더십에 관해 쓴 책입니다. 그 책을 쓴 이유 중 하나가 민주적 리더십을 발휘하고 있는 리더들에 대한 공헌이었습니다. 저는 철학자이기 때문에 항상 이론적으로 이야기해야만 한다고 생각합니다. 제가 리더십에 대해 이론적으로 이야기할 수 있다면, 실제로 훌륭한 리더십을 발휘하고 있는 리더들이 자신들의 일이 어째서 잘되었는지를 납득하고 자신들이 지금까지 해온 것에 대해 확신할 계기가 되겠죠. 그런 생각을 해주신다면 감사할 것 같습니다. 자주 "머리로는 이해하지만"이라는 말을 듣습니다. 강연을 할 때 특히 그렇습니다. 그런 사람에게는 "그렇다면 먼저 머리로 이해해주십시오"라고 말합니다. 머리로 이해하지 못하는 것은 실행할 수 없기 때문에 우선은 머리로 이해해달라고 말입니다.

이즈모　제가 바로 머리로는 이해하지만 실천하지 못하고 있는 사람입니다.

리더　그렇다면 이제 이즈모 사장님이 어렵다고 느끼는 포인트를 정리해볼게요.

① 함께 일하는 동료에게 화내지 않는 것

→ 화의 감정이 드러나 상대를 위축시키는 일이 있다.

② 감사 인사를 많이 하는 것

→ 주의를 기울이고 있지만 감사의 말에 진심이 담겨 있지 않을 때가 있다.

어떻게 과제를 분리할 것인가

리더　　과제의 분리란 예를 들어 아이가 공부하지 않는 것은 아이의 문제이기 때문에 부모가 참견해서는 안 된다는 것이었습니다. 다만 직장에서 상사가 팀원을 지적하지 않을 수는 없습니다. 그렇다 하더라도 상사가 팀원의 과제를 지적할 때 혼내거나 화내서는 안 된다는 것이 선생님의 생각입니다. 하지만 현실적으로 같은 실패를 반복하는 사람에게 분노의 감정이 전혀 생기지 않기란 어려울 것 같습니다.

선생님　정확히 말하자면 과제의 분리가 최종적인 목표는 아닙니다. 궁극의 목표는 협력입니다.

이즈모　그렇군요.

선생님　사람과 사람이 협력하여 살아가는 것이 가장 중요합니다. 부모와 자녀 관계에서는 물론이고 직장의 인간관계에서도 최종적으로는 협력이 필요합니다. 다만 협력할 때 누구의 과제인지 알지 못하는 경우가 많습니다. 그러므로 얽힌 실을 풀듯이 이것은 당신의 과제, 이것은 나의 과제 같은 식으로 나눈 후에 협력해야 합니다. 아들러 심리학에서는 공동의 과제로 삼는다고 말합니다.

이즈모　네, 그렇군요.

선생님　공부하지 않아서 성적이 나쁘면 가고 싶은 대학이 있어도 갈 수 없는데, 그 결말은 아이 스스로 받아들여야만 합니다. 그러므로 아이가 공부하지 않는다고 상담하러 오신 부모님께 저는 "그것은 아이의 과제이지 부모의 과제가 아닙니다"라고 말해줍니다. 아이의 과제에 부모가 참견을 하면 반드시 트러블이 생깁니다. 대부분의 대인 관계 트러블은 타인의 과제에 함부로 참견하는 것, 혹은 자신의 과제에 다른 사람이 참견하기 시작하면서 일어납니다.

이즈모　그런 것 같습니다.

선생님　그래서 저는 부모님께 "아이의 과제에는 절대 참견하지 마세요"라고 말합니다. 그러면 부모님은 아니나 다를까 "하지만"이라고 말하죠.

이즈모　아, 바로 저처럼 말이군요. 좀 전에 가르쳐주셨죠. '네'라고 대답한 후에 '하지만'이라고 말하고 싶어지는 것을 참으라고요.

선생님 부모님은 이렇게 말합니다. "제가 공부하라고 말
하지 않으면 아이는 공부를 하지 않습니다."

이즈모 본인이 아무 말도 하지 않으면 아이가 잘못될 거
라는 생각이죠. 이해가 됩니다.

선생님 아이의 성적은 떨어지겠죠. 지금까지 부모에게 공
부하라는 말을 듣고 공부해온 아이는 부모가 갑자
기 아무 말도 하지 않는다면 정말 공부하지 않을
지도 모릅니다. 그래서 성적이 떨어질지도 모르죠.
그러나 이대로는 안 되겠다는 생각이 들어 아이가
자신의 의지로 공부를 시작한다면 그것이 바로 자
립입니다. 그렇게 될 때까지 부모는 간섭하거나 참
견해서는 안 됩니다. 공부하지 않는 인생도 아름다
운 인생이라고 생각합니다. 학교가 아니라도 공부
하려는 마음만 먹는다면 언제든지 가능합니다. 부
모님과 상담을 할 때는 자주 이렇게 말합니다. 열
심히 공부해서 좋은 학교, 좋은 회사에 들어가도
행복해진다는 보장은 없다고요. 그렇기 때문에 아
이가 자신의 의사로 부모의 이상과는 다른 인생을
걷게 되어도 그것을 지켜봐주는 용기를 가졌으면

한다고요. 이것은 오늘 이즈모 씨와의 대담에 있어 또 하나의 중요한 키워드인 '신용과 신뢰'와 관련된 내용입니다. 그렇다면 아이의 공부를 부모와 아이의 공동 과제로 삼을 수는 없는가 하면, 불가능한 것은 아닙니다. 부모 입장에서 아이가 공부하지 않는다면 아이와 대화하고 싶어지겠죠. 말을 걸어도 괜찮습니다. 다만 함부로 참견해서는 안 됩니다. 그럴 때는 이런 말을 하라고 조언합니다. "최근 네 모습을 보면 그다지 열심히 공부하지 않는 것 같아. 이 부분에 대해서 이야기를 해보고 싶은데 괜찮을까?" 아이는 아마도 "내버려 둬"라고 대답하겠죠.

이즈모   그렇겠죠.

선생님   그럴 때 흔들리지 말고 이렇게 말해야 합니다. "상황은 네가 생각하는 만큼 낙관할 수 없는 것 같지만 언제라도 상담해줄 테니 필요하다면 말해줘."

이즈모   흐음….

선생님   이렇게 누구의 과제인가를 확실히 나눈 후에 언제라도 협력할 준비가 되어 있다는 의사를 표현해두는 것입니다. 그리고 아이가 도움을 청한다면 가능한 범위에서 협력하는 것이죠. 이것이 부모와 자녀 관계에 있어 과제의 분리와 협력입니다. 물론 직장의 인간관계에서 과제의 분리와 협력은 이것과 조금 다릅니다. 팀원의 실적이 오르지 않고 실패만 반복되는 것은 이론적으로 팀원의 과제가 맞습니다. 그러면 그런 팀원을 둔 상사가 공부하지 않는 아이의 부모처럼 이 문제에 전혀 참견하지 않아도 괜찮은가 하면 그렇지는 않습니다. 아이가 공부하지 않는 것은 아이에게만 영향을 주기 때문에 괜찮지만, 직장에서는 한 사람의 실패가 회사의 운명을 바꾸는 일도 종종 있습니다.

이즈모　네, 그렇죠.

선생님　개인적인 경험입니다만 택배가 잘못 배송되어 온 일이 있었습니다. 배달 사원의 실수로 저의 집으로 와야 할 물건이 같은 맨션에 사는 다른 사람의 집으로 가고 그 사람의 물건이 제게 온 것입니다. 받아야 할 물건은 되찾았지만 그러기까지 한바탕 소동이 있었습니다. 젊은 배달 사원이었기 때문에 그런 실수를 할 수도 있겠다고 생각했지만 사람들 중에는 그런 배달 사원이 있는 것만으로도 '이 운

송 회사는 엉망이다. 완전히 못쓸 회사다'라고 평가하는 사람도 있을 수 있습니다.

이즈모 맞는 말씀입니다.

선생님 직원 한 명의 실수에 회사의 존망이 걸리는 일도 충분히 있을 수 있습니다. 그러므로 팀원이 실패했을 때 그것을 상사가 전혀 지적하지 않을 수는 없습니다. 어떻게든 공동의 과제로 삼아야만 합니다. 공동의 과제로 삼을 때는 결과물을 기다려서는 안 됩니다. 분명하게 실패할 것이 예상되는 팀원이 있다면 결과물이 완성되기 전에 어떻게든 대화를 나누어야 합니다.

이즈모 그렇군요.

선생님 그때 '이대로라면 어떻게 될 거라고 생각해요?'라고 말해야만 합니다. 지금 같은 업무 방식이 지속된다면 어떤 일이 일어날지 가르쳐줘야만 합니다. 아들러 심리학에서는 논리적 결말이라고 말하죠. 팀원이 실제로 실패하기 전에 지금과 같은 방식이 지속되면 어떻게 될 거라 생각하는지 물어서 그런 상황을 상상하게끔 해야 합니다. 그러면 '또 실패할 것이라고 생각합니다'라는 답이 나올 것이고,

'그렇다면 어떻게 하면 좋을까요?' 하는 식으로 대화가 이어져야 합니다. 상사가 일방적으로 '이렇게 될 것이다'라고 말하는 것이 아니라 함께 생각하는 것입니다. 이것이 공동의 과제로 삼는 것이죠. 다만 이즈모 씨라면 아실 거라 생각합니다만, 이런 말을 상사가 할 때 상사와 팀원의 관계가 나쁘다면 상사의 말을 팀원은 자신에 대한 비난, 위협, 도전으로만 받아들입니다. 상사가 감정적으로 말하지 않더라도 팀원은 상사에게 야단맞았다고 생각해서 결국 관계가 나빠질지도 모릅니다. 그래서 공동의 과제로 삼기 위해서는 팀원과 평소에 좋은 관계를 구축해두었다는 전제가 필요합니다.

이즈모 그렇군요.

선생님 한 가지 덧붙여보겠습니다. 팀원이 무언가에 실패했을 때 그 실패의 책임은 물론 팀원에게 있습니다. 택배 물건을 잘못 배송한 것이 배송 사원의 책임인 것처럼 말이죠. 하지만 그것은 상사의 책임이기도 합니다. 상사 입장에서는 인정하기 어려울지 모르지만, 물건을 잘못 배송한 사람이 팀원이라고 하더라도 그런 실패를 하지 않도록 팀원을 교육하는 것은 상사의 책임입니다.

이즈모   네, 분명 그렇죠.

선생님   그렇기 때문에 팀원이 무능하다거나 실패만 한다고 해서 왜 늘 이렇게밖에 못하는지 야단칠 수는 없습니다. 무능한 팀원이라고 생각해버리면 거기에서 모든 것이 끝납니다. 실질적으로는 이런 팀원으로밖에 키우지 못한 자신에게도 책임이 있다는 것을 인정한 후에 앞으로 어떻게 하면 좋을지를 상사와 팀원의 공동의 과제로 여기고 이야기를 나눠야 합니다. 그런 대화에서는 팀원을 혼낼 필요도, 감정적으로 대응할 필요도 전혀 없습니다. 리더와 팀원은 대등한 관계라는 것이 제가 강조하고 싶은 내용입니다. 대등한 관계 안에서 앞으로 실패하지 않기 위한 방법을 이야기해야 한다고 생각합니다. 그런 대화를 할 수 있다면 혼내거나 화낼 필요는 없습니다.

이즈모   그렇군요, 감사합니다. 택배 이야기는 남의 일 같지 않았습니다. 지금 같은 미디어 사회에서는 선생님이 지적하신 대로 단 한 사람의 작은 실수가 소셜미디어를 통해 순식간에 확산되어 회사의 신용,

신뢰를 한순간에 무너트리기도 합니다.

선생님 그렇죠.

이즈모 그런 의미에서는 아들러의 시대보다도 어려워졌다는 생각이 듭니다.

선생님 그럴 것 같습니다.

이즈모 그렇기 때문에 가장 인상적인 부분이 논리적 결말 그리고 공동의 과제로 삼는다는 이야기였습니다. 저는 아무래도 과제의 분리에 지나치게 집착했던 것 같습니다. 궁극적인 목표는 협력하는 것이고, 같은 회사에서 함께 일하는 동료의 과제는 공동의 과제로 인식해야만 한다는 것을 오늘 새롭게 배웠습니다. 공동의 과제로 인식한다면 그 과제의 논리적 결말을 상대에게 전달해야만 한다는 것도 오늘 배웠습니다. 그때 상대가 그것을 비난, 위협, 도전으로 받아들이지 않도록 좋은 인간관계를 평소에 구축해두는 것이 중요하다는 것도요.

선생님 마음이 조금 가벼워지셨나요?

이즈모 네, 감사합니다.

솔직함만큼 강한 무기는 없다

리더   이즈모 사장님의 또 다른 고민은 고맙다는 말을 많이 하려고 애쓰고 있지만 진심이 담기지 않을 때가 있다는 것이었습니다.

선생님   그건 계속 해보는 수밖에 없습니다. '이런 식으로 말해도 소용없는 건 아닐까?' 같은 생각을 하지 말고 어색하더라도 일단 고맙다고 말해봅시다. 계속 말하면서 그 후에 일어나는 변화를 관찰해봅시다. 고맙다는 말에는 네 모습 그대로 충분하다는 메시지가 담겨 있습니다. 물론 일과 관련해서는 팀원이 무능한 상태에 머물러서는 안 되고 실패만 해서도 안 됩니다. 경험을 쌓아 지식과 기술을 익혀야만 합니다. 하지만 처음에는 상사가 팀원의 존재 자체를 이해하고 인정하고 있다는 것을 전할 필요가 있습니다. 그 수단이 바로 고맙다는 표현입니다. 결근하지 않고 출근해줬다면 그것만으로도 감사한 일이고, 원격 회의에 참여해줬다면 그것도 감사한 일입니다.

리더	공헌을 인정하는 자세는 필요한 순간에 팀원에게 조금 엄격한 말을 해도 괜찮은 관계의 토대가 된다고 하셨죠.
선생님	부디 조심해주시길 바라는 것은 거기에 조작성이 있어서는 안 된다는 것입니다.
이즈모	무슨 의미인가요?
선생님	다시 말해 '고맙다고 말하면 의욕이 생기겠지'라거나 '결과물이 좋아지겠지' 같은 마음이 있어서는 안 된다는 것입니다. 그런 부모의 마음이나 상사의 마음을 아이나 팀원은 바로 알아챕니다.
이즈모	그렇군요.
선생님	그런 마음을 팀원이 느끼게 해서는 안 됩니다. 팀원에게 지금 고맙다고 말하는 것과 미래의 결과물은 다른 이야기입니다. 상사가 제대로 교육한다면 팀원의 결과물이 반드시 좋아질 것이라고 신뢰하는 수밖에 없습니다.
이즈모	네, 알겠습니다.
선생님	오늘 이렇게 이야기를 하면서 이즈모 씨께 꼭 전하고 싶은 것이 있습니다. 다름 아닌 '불완전할 용기'입니다. 오늘 이야기를 듣고 사내의 모든 직원

에게 이런 말을 하면 좋겠습니다. '리더로서 저는 최근에 이런 것들을 배웠습니다. 머리로는 정말 이해했지만, 실전에서 어떻게 적용하면 좋을지 사실은 아직 모르겠습니다. 함께 생각해줬으면 합니다.' 이즈모 씨가 직원들 앞에서 이런 말을 할 용기를 가졌으면 좋겠습니다. 좀 전에 경영자로서 미디어 사회에서 느끼는 두려움에 대해 이야기하셨죠. 그런 두려움도 직원들 앞에서 말할 수 있다면 좋겠습니다. 이런 상황에서 어떻게 하면 좋을지 직원들에게 상담을 요청하는 것입니다. 어떤가요?

이즈모   흠, 그렇군요.

선생님   상황에 따라서는 불완전한 리더가 더 좋을 수 있습니다. 그런 편이 오히려 팀원이 성장하는 데 도움을 줍니다. 리더가 지나치게 유능하면 팀원은 안심하거나 리더에게 전부 맡겨버리기 때문에 자립하지 못합니다. 부모와 자녀 관계에서도 불완전한 부모가 있는 아이들이 자립합니다. 그런 부모와 자녀의 관계가 좋다고는 말할 수 없지만, 부모가 완벽하면 그것이 부담이 되어 아이가 문제 행동을 일으키는 일도 자주 있습니다. 팀원이 자신의 판단대로 움직일 수 있으려면 상사는 자신이 불완전하다는 것을 좀 더 솔직하게 밝혀야 합니다. 다시 말해 자신을 좋게 포장하려는 상사가 되어서는 안 됩니다. 자신을 과시하려는 생각만 하는 사람은 다른 사람에게 상담을 받아야만 하는 상황에서도 솔직히 털어놓고 상담하지 못합니다. 리더의 옆에는 자신이 신뢰하고 마음 편히 상담할 수 있는 사람들이 있어야만 합니다. 이즈모 씨에게 있어서는 공동 창업자인 스즈키 씨와 후쿠모토 씨가 그런 존재라고 생각합니다만, 회사의 모든 직원이 그런 사람이면 좋다고 생각합니다. 이즈모 씨는 제 책을 많이 읽었다고 하셨는데요, 사내에서 이렇게 이야기해보면 어떨까요? '사실은 최근 이런 책을 읽고 제 리더십에 개선해야 할 부분이 많다는 것을 깨달았습니다.' 자신의 리더십에 문제가 있다는 식으로 말하면 용기가 꺾이기 때문에 개선해야 할 부분이 있다는 식으로 말하는 것이 좋습니다. '그래서 오늘부터 여러분을 대하는 태도를 바꿔보려고 합니다. 잘 부탁드립니다.' 이렇게 말할 수 있게 되면 직원들과의 관계가 상당히 크게 변화할 것입니다. 저는 부모와 자녀의 관계에 대한 상담을 해줄 때도 이렇게 자주 조언합니다. 이를테면 부모가 아이에게 이렇게 이야기하는 겁니다. '오늘 강연을 듣고 부모라고 해도 아이와 대등한 관계여야 하며 혼내거나 칭찬하는 것은 좋지 않다는 것을 배웠어. 그러니 오늘부터 너와의 관계를 대등하게 바꿔가고 싶어. 잘 부탁해.' 그러면 나중에 아이들이 '아빠 또 나를 혼내고 있어'라며 지적해줄 것입니다. 저는 그런 관계가 좋은 관계라고 생각합니다.

젊은 팀원들은 언제나 앞서간다

선생님 상사와 팀원의 관계에서도 상사가 조금만 태도를 바꾸면 아무리 불완전한 변화라고 해도 팀원은 크게 바뀝니다. 그리고 젊은 사람일수록 빨리 변합니다. 저희 세대는 익숙하지 않아서 감사 인사를 할 때마다 얼굴이 굳는데, 젊은 사람들은 아무렇지 않게 상사에게 감사 인사를 하기 시작합니다.

이즈모 방금 이야기는 기분 좋네요. 사실 유글레나는 이미 그렇게 변화했습니다! 지금 저희 회의 화면에 보이는 홍보팀 직원 야마우치 씨와 아시다 씨가 싱긋 웃고 있잖아요. 이 대담에 앞서 며칠 전 사내에서 회의를 했습니다. 그때 선생님의 책을 다 읽은 두 사람이 제게 지적해주었습니다. "사장님, 지금 칭찬하셨어요! 칭찬하는 게 아니라 고맙다고 하셔야죠!"라고요. 젊은 동료들의 성장은 정말로 빠릅니다. 감사한 일이죠. 멋있습니다. 실전에서는 두 사람이 저보다 앞서가고 있는지도 모르겠습니다.

선생님 **보통 그렇습니다.** 그러나 속도와는 별개로 함께 변해간다는 것이 중요합니다. 예를 들어 부부 관계 카운슬링에서 남편이나 아내 중 한쪽만 변하면, 변하지 않은 파트너와의 관계가 더 엉망이 되어버리는 일이 자주 있습니다. 불과 며칠 전까지 남편이 위, 아내가 아래인 상하 관계였는데 한쪽만 카운슬링을 통해서 이 관계가 전혀 대등하지 않았다는 걸 깨닫는다면, 이전까지 상하 관계를 이루며 나름대로 안정되어 있었던 관계가 엉망이 되어버리는 것이죠. 직장에서도 한 사람만 변하면 마찬가지 일이 일어납니다.

이즈모 그래서 저와 야마우치 씨, 아시다 씨의 관계가 중요하다고 생각합니다. 저희 세 사람이 평등한 관계로 지낸다면 그 분위기가 사내에도 퍼질 것입니다.

선생님 사장님이 이런 이야기를 듣고 실천하겠다고 했다며 증언하는 사람이 있을 테니까요. 하겠다고 하고는 하지 않는다며 지적하기도 할 거고요.

이즈모 어휴, 당해내질 못하겠습니다.

선생님 오늘은 처음부터 조금 기대했어요. 젊은 사람이 두 명이나 동석해주고 있어서.

이즈모 세상에, 그러셨나요? 두 사람도 그렇지만 저는 정말로 훌륭한 동료가 많습니다. 마지막으로 한 가지만 더 자랑하겠습니다. 얼마 전에 사내 화장실에서 청소를 해주시는 직원분이 제게 말을 걸어왔습니다. "이 빌딩에 들어와 있는 연두벌레 회사 사장이시죠!"라고요. 큰 목소리로 말하시길래 순간 뭔가 화가 나셨나 하는 생각이 들어 긴장하고 있으니 "아, 정말 좋은 회사입니다!"라고 덧붙이시더라고요. 그분의 말에 따르면 저희 회사는 쓰레기봉투 안이 깨끗하다는 것이었습니다. 모든 쓰레기가 확실하게 분리되어 있고, 페트병 뚜껑은 열려 있고 페트병의 라벨은 벗겨져 있으며 빈 도시락통은 씻어서 내놓는다고요. 청소하는 사람들에게는 쓰레기가 눈에 보이기 마련인데 최고 경영자가 입으로만 일하는 환경이 중요하다고 말하는 회사도 많다고 합니다. 하지만 저희 회사는 다르다며 좋은 직원들과 일하고 있다고 말해주더라고요. 이것이 제게는 최고의 자랑거리입니다. 이 이야기를 통해 저희 동료들이 어떤 사람들인지 선생님도 알아주시지 않을까 싶습니다.

선생님 네, 알 것 같습니다. 이즈모 씨는 세계를 바꾸겠다고 생각하고 계시죠. 이 지구를 바꿔가고 싶다고 생각하고 계십니다. 아들러도 그랬습니다. 언제나 세계를 바꾸고 싶다고 생각하던 사람이었습니다. 저도 그렇습니다. 그런 생각이 담기지 않은 일, 공헌감을 가질 수 없는 일이라면 어떤 것이라도 흥미가 없죠.

이즈모 정말 그렇습니다. 그런 저의 생각에 답해주듯 훌륭한 동료들이 모여서 지금까지 많은 고비를 극복해 왔습니다. 선생님께서 말씀하시는 공헌감 있는 일하기 방식은 포스트 코로나 시대의 젊은이들, 앞으로의 젊은이들에게 더 강하게 요구될 것이라고 생각합니다. 그런 의미에서 상당히 좋은 타이밍에 뵙고 대담할 수 있었다고 생각합니다. 감사합니다.

세계는 나선형으로 발전한다

용기

◆ 야나사와 다이스케와의 대화 ◆

야나사와 다이스케(柳澤大輔)와 콘텐츠 기업 '카약'

1974년 홍콩에서 태어났다. 게이오기주쿠대학 환경정보학부를 졸업한 후 회사원으로 근무하다 1998년 학창 시절 친구들과 함께 재미있는 법인 카약을 설립했다. 카약에서는 인터넷 광고 콘텐츠 제작과 소셜게임 서비스, 커뮤니티 개발과 운영 등 다양한 사업을 전개하고 있다. 이름에서 알 수 있듯이 이 회사의 모토는 단연 재미. 재미를 추구하는 만큼 본사도 도쿄 한복판이 아닌 관광지 가마쿠라시에 있다. 주사위를 던져 급여를 정하기도 하고, 일해보고 싶은 지역이나 나라에서 2~3개월 동안 일해볼 기회를 주기도 하며 독특하고 창조적인 조직의 성격을 만들어가고 있다. 창업 당시 자본금이 3만 3000엔(약 30만 원)이었던 카약은 매년 두 배씩 커지며 지금은 260명의 직원이 일하는 거대 기업으로 성장했다. 일을 놀이로 승화해 일본 내 그 어떤 회사보다 이직률이 낮고 MZ들의 취업 희망도가 높은 기업이다.

야나사와 　선생님께서 주장하시는 민주적 리더십은 이른바 '서번트 리더십'과 비슷한 부분이 있습니다. 저희도 그 리더십을 따르려는 회사이기 때문에 상당히 공감되는 부분이 많았습니다.

리더 　야나사와 씨가 CEO로 계신 카약은 1998년에 야나사와 씨와 학창 시절 친구 세 분이 함께 세운 회사입니다. 웹 제작, 웹 서비스를 중심으로 게임 관련 사업과 지역 프로모션 등 폭넓은 사업을 전개하고 있을 뿐만 아니라 재미있는 회사를 표방하며 독특한 조직 운영으로도 주목받고 있습니다. 유명한 것으로 주사위 급여가 있죠. 매월 월급일 전에 직원 모두가 주사위를 던져서 나온 결과에 따라 그달의 지급 총액이 결정되는 시스템입니다. 2014년에 도쿄증권 마더즈(1999년 11월에 개설된 신흥 기업을 대상으로 하는 일본의 주식시장 중 하나-옮긴이)에 상장했습니다. 그런 카약의 CEO로서 선생님께서 주장하시는 민주적 리더십 또는 서번트 리더십에 공감하신다고요.

야나사와 　다만 그런 리더십에 이기는 힘이 있나 싶은데요. 어떤가요?

깨달아야 변할 수 있다는 진리

리더   지금 지적은 민주적 리더십이나 서번트 리더십의 반대쪽에 '강권적 리더십' 혹은 '군대식 리더십' 같은 것이 있고, 그들이 서로 경합하고 있다는 말이군요. 그리고 실제로 강권적인 방식 쪽이 강할지도 모른다고 야나사와 씨는 생각하고 있으시단 말씀이죠. 저도 실제로 실적이 좋은 회사를 취재하면서 '이건 갑질인 것 같다'라고 느끼는 일들이 있었습니다. 군대식 조직은 그 나름대로 강한 것 아닐까 하고요.

야나사와   저희는 민주적 리더십 쪽이 새롭다는 느낌 때문에 이런 방식을 택하고 있는 것이기 때문에 어느 쪽이 강할까 하는 부분에 대해서는 뭐라 할 말이 없습니다. 화내거나 혼내서 사람을 조종하고 움직이게 하려는 것이 올드하다는 느낌은 물론 있습니다. 그러나 그런 방식이 약한지 묻는다면, 지금까지의 사회를 살펴볼 때 꼭 그렇지도 않습니다. 그러므로 민주적 리더십을 실천하고 있는 저희도 이쪽이 주류가 될 것 같은지에 대해 묻는다면 확실하게 말할 수 있는 부분이 없습니다.

선생님 자신이 상사에게 야단맞으며 성장했다고 생각하고 있기 때문에 혼낼 수밖에 없다는 생각에 사로잡혀 있는 사람이 많은 느낌입니다. 경영자분들께 저의 지론을 이야기하면 도저히 따라갈 수 없다는 반응을 보이는 일이 많습니다. "그 사고방식은 지나치게 새로워서 나는 따라 할 수 없다"는 말을 자주 듣습니다. 하지만 저의 사고방식 배경에 있는 아들러 심리학은 그렇게 새로운 것이 아닙니다.

야나사와 아들러는 어느 시대 사람인가요?

선생님 아들러는 1870년에 태어났습니다.

야나사와 태어난 지 150년 정도 되었군요.

선생님 일본의 근대 철학자인 스즈키 다이세츠(鈴木大拙)와 니시다 기타로(西田幾多郎)도 아들러와 마찬가지로 1870년에 태어났습니다. 말하자면 세 사람은 동갑이죠. 그렇게 생각해보면 아들러 심리학은 상당히 오래된 사고방식도 아니지만 그렇게 새로운 것도 아닙니다. 아들러 심리학은 오랫동안 비주류였지만, 특히 자녀 교육의 장에서는 현재 실천하고 있는 사람이 세계적으로 상당히 많습니다. 결코 탁상공론이 아니라는 자부심이 있습니다. 부모와 자녀의 관계도 리더와 팀원의 관계와 다르지 않습니다. 그리고 아들러 심리학 덕분에 부모와 자녀 사이의 관계가 좋아지거나 대인 관계가 좋아진 경험을 한 사람이 직장에서도 아들러 심리학을 실천하여 롤 모델이 되면서 조금씩 세계가 변화하고, 어느 단계에서 그 변화가 폭발적으로 일어나 주류가 될 것이라고 저는 예상하고 있습니다.

야나사와 그렇군요, 그렇게 될지도 모르겠네요. 저희는 회의에서 무언가 문제가 생겼을 때 일어난 일 그 자체에 초점을 맞추지 않도록 하고 있습니다. 오히려 자신의 존재 방식을 묻는다고 할까요? 그 문제로 얻은 깨달음을 이야기하거나, 어떤 두려움을 느끼고 그런 행동을 하게 된 것은 아닌지 논의해보기도 합니다. 그런 논의는 그 자체로 재미있습니다.

선생님 그렇겠군요.

야나사와 무언가 문제가 일어났을 때 자신의 존재 방식을 묻고 깨달음을 얻는 것은 즐거운 일이고 그것이 새로운 방식이며, 모든 일을 원활하게 진행시키기도 하기 때문에 그렇게 하고 있습니다. 그러면 예를 들어 거래처 사람에게 약간 불쾌한 일을 당했다고 해도 거기에서 배움을 얻어 오히려 감사할 수 있습니다. 그렇게 사는 편이 행복하잖아요.

리더 죄송합니다만 회사에서 무언가 문제가 일어났을 때 자신의 존재 방식을 묻고 깨달음을 얻는다는 것은 구체적으로 어떤 것인가요? 경영 회의 자리에서 나누는 대화에 대한 말씀이죠?

야나사와 예를 들어 한 리더 아래에 있던 팀원들의 이직이 이어진다고 해봅시다. 그럴 때 문제를 일으킨 원인인 리더의 심리를 파헤쳐봅니다. 그 리더는 어떤 심리에서 팀원을 이직으로 몰아세우는 행동을 하고 있는 것일까? 주위에서는 의외로 그 원인을 명백하게 알고 있습니다. 주변에 물어보면 그 리더에 대해 대체로 공포나 불안을 느낀다고 대답합니다. 그런 점을 본인이 깨닫고 납득하는 '아하 체험(Aha-Erlebnis(독일 심리학 용어. 의미의 상관관계가 갑자기 떠올라 이해하게 되는 현상-옮긴이))'을 하면 같은 문제를 반복하지 않게 된다고 저희는 믿고 있습니다. 같은 문제가 반복되는 한 본인은 깨닫지 못할 것이고 변하지 않을 것입니다. 아니, 반드시 변해야 하는 것은 아니지만 뭐라고 해야 할까요? 정신 차려보면 자연스럽게 변해 있는 그런 방식을 모두가 공유하고 있습니다.

리더   다시 말해 어떤 부장 아래에 있는 팀원들이 자주 그만두는 일이 생겼을 때 경영 회의에서 그 부장에게 "당신 밑에 있던 사람들이 자주 그만두는군요"라고 말한다는 것인가요?

야나사와   그 사람이 그 문제에 대해 고민하고 있다면 그렇습니다.

선생님   아, 그렇군요.

야나사와   고민하고 있다면 왜 고민하고 있는지, 그것은 무엇에 대한 공포인지 등의 이야기를 합니다. 고민뿐만 아니라 분노도 그렇습니다. 화를 내고 있다면 왜 분노를 느끼는지에 관한 이야기를 합니다.

리더   그렇다면 그 부장이 고민하지 않는다면 의제도 되지 않는 건가요?

야나사와   저희 회사에는 책임진다는 개념도 없습니다. 책임을 지겠다, 죄송하다, 조심하겠다는 말은 거의 의미가 없습니다. 무엇을 깨달았는지가 중요합니다.

본인이 깨달은 것을 다른 사람들과 공유한다면 박수갈채를 받을 일이죠.

리더 실제로 경영 회의에서 박수갈채가 쏟아지나요?

아나사와 쏟아집니다. 좋은 이야기라고요. 오래전의 이야기이지만 이런 일이 있었습니다. 저희 회사 공동 창업자 중 한 사람은 무엇이든 자신이 끌어안는 타입이었습니다. 하지만 어떤 계기로 사람은 누구나 도움이 필요한 존재라는 것을 깨닫고 임원 회의에서 "좀 도와주세요"라고 말했습니다. "지금까지 이렇게 말한 적은 없었는데, 좀 도와주세요"라고요. 그 순간 모두가 박수갈채를 보냈습니다. "드디어 깨달았구나!" 하면서요.

선생님 그렇게 깨닫기까지가 쉽지 않아요. 저한테 카운슬링 오시는 분들은 모두 제 앞에서 무엇이 문제인지를 이야기합니다. 아이가 학교에 가지 않게 되었다면서 자신이 아닌 다른 무언가에 원인이 있다고 생각합니다. 학교의 문제일지도 모른다, 사회의 문제일지도 모른다며 같은 이야기를 끊임없이 반복합니다. 하지만 근본적인 문제는 상담하러 오신 부모님 본인에게 있는 경우가 많습니다. 그 깨달음에 이르기까지 그들은 상당히 고생스러운 시간을 보냅니다. "아이가 이렇게 된 것이 대체 누구 탓일까요?"라는 말을 들었을 때 눈앞에서 이야기하고 있는 부모님을 가리키고 싶은 마음이 굴뚝같은 적도 많습니다. 그런 분이 사실은 자신이 아이를 대하는 방법을 개선해야 한다는 사실을 깨닫는다면 그것만으로도 상당한 발전입니다. 야나사와 씨가 말씀하신 것이 바로 이런 거라고 할 수 있습니다. 변하는 것도 중요하지만 깨닫는 것이 더 중요하다는 말이죠. 그것을 인정하는 것은 패배가 아니고 약함을 드러내는 것도 아닙니다. 그것을 인정할 수 있는 분위기가 형성되어 있다는 것은 중요한 일입니다. 사내의 직원들 사이에 절대적인 신뢰 관계가 없으면 웬만해서는 솔직하게 인정할 수 없습니다. 무섭다, 도와주길 바란다고 말할 수 있는 분위기는 중요합니다.

야나사와 　일어난 문제에 초점을 맞추거나 범인 찾기를 하는 것에서는 논의를 시작하지 못한다는 것이죠. 문제가 벌어졌다면 리더가 먼저 깨닫지 못한 자신의 잘못이라는 것을 인정하고 자신이 무엇을 할 수 있었을지를 물어야 합니다. 리더가 그런 과정부터 시작한다면 모두의 생각이 그렇게 바뀔 것입니다. '아, 나도 무언가 부족했구나' 하면서요. 리더인 제가 그렇게 함으로써 일이 원활하게 진행됩니다. 그것을 중요하게 여기며 회사의 문화를 만들어야 한다고 생각합니다. 물론 저도 늘 제대로 하고 있는 것은 아니지만요. 그리고 무엇보다 지금 자신의 방식이 좋다고 생각하더라도 지나치게 고집하는 것은 좋지 않습니다. 상대방의 제안에 대해 유연하게 생각하는 것이 중요합니다.

선생님 심각해지지 않는 것이 중요하다고 생각합니다. 문제는 항상 일어납니다. 한 가지 문제가 해결되었다고 해서 그것으로 끝나지는 않으며 곧 새로운 문제가 일어납니다. 육아에서도 유소년기의 문제가 해결되었다고 생각될 무렵이면 또 사춘기의 문제가 일어납니다. 하지만 그렇게 문제가 이어지는 상황을 지나치게 심각하게 여기지 않고, 물론 즐긴다는 표현은 적절하지 않을지도 모르겠지만, 문제가 발생하면 모두가 함께 힘을 합쳐 해결해나가는 상황에 보람을 느낄 정도의 여유가 있다면 많은 것이 변할 것이라고 생각합니다. 문제가 있다면 진지하게 생각해야지 실실 웃고 있어서는 안 되겠지만, 그렇다고 해서 심각하게 고민한다고 좋은 수가 나오는 것도 아닙니다. 문제를 일으킨 범인 찾기는 더더욱 아무런 의미가 없습니다. 중요한 것은 '앞으로 무엇을 할 수 있는가?'를 생각하는 일입니다. 리더라고 해도 완전한 답을 가지고 있지 않기 때문에 아들러가 말하는 불완전할 용기를 가져야 합니다. 그러면 다른 직원들도 마음을 편하게 먹게 되어 솔직한 소통을 할 수 있을 것입니다.

과정이 재미있는 리더십

야나사와 조금 다른 이야기입니다만, 선생님은 경쟁을 부정하시죠. 저도 한때 '경쟁을 전혀 배우지 않은 아이는 어떻게 성장할까?' 하는 생각을 했던 때가 있습니다. 제게는 딸과 아들이 있는데요, 둘 다 지금은 대학생이 되었지만 가마쿠라의 유치원에 다니던 때의 이야기를 해보겠습니다. 그 유치원은 철저하게 아이들을 경쟁시키지 않는 방침으로 운영되던 곳입니다. 운동회에서도 순위를 매기지 않았죠. 그 유치원을 졸업한 딸은 초등학교에 입학한 후부터 경쟁하는 운동회에 참여하게 되었습니다. 달리기 경주가 시작되자 저희 딸은 생글생글 웃으면서 모두의 응원을 받으며 느긋하게 달렸습니다. 하지만 어쩐지 이상하다고 생각한 모양입니다. 그 경주가 1등을 하는 것이 요구되는 경기라는 것을 깨달았는지 그때부터 전력 질주하여 1등으로 들어왔습니다. 반면 같은 유치원을 졸업한 아들은 마지막까지 생글생글 웃으면서 자기 페이스대로 첫 번째 운동회를 마쳤죠.

리더 그래도 괜찮던가요?

선생님 지금 이야기를 듣고 저도 떠오른 일이 있습니다. 제 아들이 다니던 어린이집에서 죽마 경기를 한 적이 있습니다. 보호자가 지켜보는 가운데 경기가 시작됐습니다. 아들은 그때 죽마를 타지 못했습니다. 어떻게 할까 궁금해하며 보고 있으니, 선생님의 도움을 받아 가며 골인 지점에 도착하더라고요.

한편 시작하자마자 능숙하게 죽마를 타고 1등으로 달리던 아이가 있었습니다. 그런데 바로 뒤에 오던 아이가 그를 추월했죠. 그러자마자 1등에서 밀려난 아이는 경쟁을 포기해버렸습니다. 죽마 경기가 경쟁인 것이 잘못된 일은 아니지만, 1등이 되지 못할 것 같다고 생각하자마자 경쟁을 그만두는 것은 문제입니다. 어린이들의 세계마저 경쟁 사회가 되어버린 것이죠. 물론 업무라면 좋은 결과를 내야만 합니다. 하지만 경쟁만을 의식한다면, 좋은 결과만 내면 된다고 생각하거나 좋은 결과를 낼 수 없다면 아예 일을 시작하기도 전에 포기하게 될 것입니다. 2등이 되자 경쟁을 포기해버린 아이처럼 말이죠. 그렇게 되면 생산성이 떨어지겠죠. 야나사와 씨의 회사는 직원들에게 자연스럽게 동기부여를 해주고 있다는 인상을 받았습니다. 그것은 경쟁 원리에 따른 것이 아니라고 생각합니다.

야나사와 그렇습니다. 승리를 목표로 하는 것이 아니라 경쟁을 즐긴다고 해야 할지, 과정을 즐깁니다. 앞에서 이야기했듯이 깨달음을 즐기자는 것입니다. 선생님께서 주장하시는 민주적 리더십에 저는 공감합니다. 하지만 리더의 조건을 승리로 이끄는 사람이라고 인식해버리면 민주적 리더십 쪽이 주류가 되기는 어려울 것 같습니다.

리더 야나사와 씨는 애초에 승리를 1순위 목표로 삼고 있지 않으시죠?

야나사와 이기는 것에 집착한다면 민주적이지 않은 리더십도 나름대로 성과를 올릴 것 같다고 생각됩니다.

리더 군대식 조직이 의외로 강할지도 모른다는 건가요?

선생님 하지만 일 자체가 즐겁지 않다면 애초에 의욕은 생기지 않죠.

야나사와 그렇죠.

리더 예를 들어 성과가 좋더라도 일하는 사람이 불행하거나 보람을 전혀 느끼지 못한다면 이 회사를 어떻게 평가하면 좋을까요? 만약 일의 보람을 우선시한다면 그런 회사는 허용할 수 없을 것입니다.

선생님 야나사와 씨의 저서를 몇 권 읽고 나서 야나사와 씨의 회사가 그 부분에 주목하고 있는 점이 재미있다고 생각했습니다. 경쟁에서 이기는 것 이전에 일 자체를 즐겨야 한다는 것에 주목하고 있었죠.

야나사와 그 부분에 대한 의식은 100년, 200년 단위로 보면 천천히 변화하고 있겠죠. 만약 아들러가 살아 있다면 150살이 되었겠네요.

선생님 　아들러의 시대는 교육자가 아이를 회초리로 때리는 시대였으니까요.

야나사와 　그렇군요, 변화했군요. 지금은 확실히 회초리를 드는 선생님은 볼 수 없어요.

선생님 　그런 시대에 아들러는 민주적인 교육 이념에 도달했습니다. 지금은 당연하게 생각되지만, 당시의 상식으로는 전혀 이해할 수 없었던 것들을 생각하고 주장했습니다. 그런 의미에서 천재였다고 생각합니다.

야나사와 　그렇다면 경쟁을 부정하는 사고방식도 지금은 기대하기 어려울지 모르지만 앞으로 변해갈 것이고, 그에 따라 리더십도 변할 것이라는 말씀인가요?

선생님 　저는 생산성이라는 말도 그다지 좋아하지 않습니다. 하지만 경쟁 속에서 강제적으로 일하는 것보다 자발적으로 일하는 편이 넓은 의미로 생산성이 올라갈 것입니다. 시킨 일만 하고 스스로 아무런 판단을 하지 않는 일하기 방식으로 생산성은 올라가지 않는다고 생각합니다.

아나사와 시킨 대로 하는 일은 어쩐지 AI(인공지능)가 대신하
게 될 것 같습니다.

선생님 그럴 수도 있겠습니다.

아나사와 AI가 대신할 수 없고 인간만이 할 수 있는, 창조성
이 요구되는 일을 할 때 리더십도 변해갈 가능성
이 있겠군요.

선생님 창조성이라는 것은 장시간 묵묵히 노력한다고 발
휘할 수 있는 종류의 것이 아닙니다. 주위 사람에
게는 일하고 있는 것처럼 보이지 않는 사람이 우
수한 아이디어를 내놓는 일은 자주 있습니다. 놀고
있는지 일하고 있는지 겉으로 봐서는 알 수 없는
방식이 이상적이라고 생각합니다.

아나사와 그렇군요.

리더 카약에는 그야말로 놀고 있는지 일하고 있는지 알
수 없는 사람이 많습니다.

아나사와 카약은 애초에 직종이 한정되어 있어서 직원은 크
리에이터 아니면 엔지니어가 거의 전부입니다. 크
리에이터와 엔지니어는 숨 쉬듯이 아이디어를 떠
올리고 알맞은 형태로 만들어내는 직업입니다. 그
러므로 그런 체질의 사람들을 채용하고 있고, 처음

부터 그런 조직으로 만들겠다고 의도한 부분이 있습니다. 말하자면 닭이 먼저냐 달걀이 먼저냐인데, 저희는 애초에 '주체성 있는 조직을 만들겠다!'라고 생각하고 회사를 만들었거든요. 일이 좋아서 일이 놀이가 된 사람들의 집단이 된다면 특별한 구조와 제도가 없어도 주체성 있는 조직이 될 것이라고 생각하며 회사가 시작되었습니다.

선생님   재미있군요.

리더   카약은 웹 제작과 웹서비스를 주력 사업으로 하고 있는데, 그 말씀은 웹 관련 일을 특별히 하고 싶어서가 아니라 주체성 있는 조직을 만들기 위해서는 웹 관련 일이 좋겠다는 판단을 했다는 것인가요?

야나사와   네, 저희는 애초에 '재미있는 회사'라는 말을 먼저 만들었어요. 1998년에 카약을 설립했을 때는 어떤 사업을 할지 정해져 있지 않았습니다. 다만 학창 시절 친구 세 명이 모여 재미있는 회사를 만들자는 것만 약속한 상태였죠. 제비뽑기로 회사를 세울 때까지 각자가 무엇을 담당할지 정했습니다. 제비뽑기 결과 저는 회사원으로 경험을 쌓고, 남은 두 사람 중 한 명은 대학원에 진학하고, 나머지 한 명은 해외를 방랑하게 되었습니다. 그리고 2년 후에 다시 모여 약속한 대로 회사를 세웠습니다. '무엇을 할까'보다 '누구와 할까'가 중요했고, 독특한 조직을 만들고 싶다는 마음이 먼저였기 때문에 크리에이터와 엔지니어만 있는 회사가 만들어졌습니다. 이야기를 조금 되돌려도 될까요? 혼내서 따르게 한다는 이야기로 돌아가고 싶은데요.

리더 　그러시죠.

아나사와 　스포츠계에는 무서운 스파르타식 감독이 많습니다. 제가 어렸을 때 청소년 축구 감독이라고 하면 때리거나 큰 소리로 화를 내거나 빈정거리는 말을 한다는 인상이 있었습니다. 하지만 지금은 이런 갑질 문화가 있어서는 안 된다는 사회적 분위기 때문인지 그렇지 않은 감독이 많습니다. 그렇다면 스파르타식 감독과 그렇지 않은 감독이 전력을 다해 싸웠을 때 스포츠계에서는 어느 쪽이 이길까요?

선생님 　스파르타식에는 즉효성이 있습니다. 거기에 비해 아들러가 주장하는 교육과 리더십은 시간과 노력이 필요합니다. 혼내서 상대가 무서워하게 만들거나 경쟁으로 몰아넣는 편이 성과를 올리기까지

의 시간은 덜 걸릴지도 모릅니다. 하지만 긴 안목
으로 봤을 때 강한 팀이 되기에는 적합하지 않습
니다. 스포츠 역사를 되돌아봐도 그런 느낌이 듭
니다. 금메달을 따라고 강요하면 경기에 나가더라
도 선수들이 즐겁지 않을 뿐만 아니라, 졌을 때 사
과까지 해야 한다면 상황은 더 안 좋아집니다. 오
래전 1964년 도쿄올림픽 마라톤에서 동메달을 획
득한 후 다음 올림픽을 준비하다가 스스로 목숨을
끊은 쓰부라야 고키치(円谷幸吉) 선수와 같은 비극
이 일어날 수 있습니다. 야나사와 씨가 블로그에서
틸 조직(Teal Organization)을 언급했는데, 스파르
타식 감독이 이끄는 것은 군대형 조직이거나 조금
더 진보한 형태로 가족형 조직에 해당하죠.

리더 　틸 조직에 대한 내용을 담은 프레데릭 라루
(Frederic Laloux)의 저서 『조직의 재창조』는 경영자
들 사이에서 화세가 된 책입니다. 야나사와 씨의
블로그에는 그 내용이 지론과 함께 간결하게 정리
되어 있습니다. 그 일부를 발췌해서 인용해보겠습
니다.

저자는 조직(회사)도 시대에 따라 진화한다고 주장한다. 그 진화 형태를 5단계로 표현한다.

① 늑대형 조직
② 군대형 조직
③ 기능형 조직
④ 가족형 조직
⑤ 틸 조직

(…) 다시 말해 이 책을 굉장히 극적으로 소개하자면 '조직에도 진화 형태가 있다. 진화에 가장 빠르게 대응한 조직이 다음 시대의 주역이 된다'라고 할 수 있다. 이것은 결코 흘려들을 수 없는 주장이라고 생각한다. 이 가설에 경영자들이 주목하고 있지 않을까 싶다.
(…) 정리해보면서 틸 조직이 지금까지의 조직과 비교해서 반드시 진화한 조직인 것은 아닌 것 같다는 생각이 들었다. (…) 결국 이 형태가 좋은가 어떤가, 기꺼이 선택하고 싶은가 어떤가의 문제로 생각된다.

선생님   스포츠 감독과 가족형 조직이라는 맥락에서 생각해보겠습니다. 고교 야구 결승전에 출장하는 야구 팀 감독이 종종 선수들을 '아이들'이라고 부르는 것을 들을 수 있습니다. 고등학생을 아이라고 부르는 것은 아무래도 이상합니다. 적어도 학생들이라고 해야겠죠. 아이들이라고 부르는 것은 이들 사이에 부모와 자녀 관계를 모델로 한 조직이 형성되어 있기 때문입니다. 하지만 그런 조직도 역시 약할 것 같다고 저는 생각합니다.

아나사와　그렇군요. 제가 스포츠 이야기를 고른 이유는 스포츠가 일종의 게임으로 승리하는 것에 모두가 열광하기 때문입니다. 그렇기 때문에 혼내서는 이길 수 없다는 생각이 주류가 된다면 모두가 혼내기를 그만둘 것이라고 생각합니다. 다시 말해 스포츠계라면 민주적 리더십과 강권적 리더십의 승패도 가리기 쉬울 거라고 생각했습니다. 회사의 경우에 스포츠에서 말하는 승패에 해당하는 것은 매출과 수익입니다. 그 결과로 GDP(국내총생산)를 높여갑니다. 하지만 GDP라는 단일한 지표를 좇는 자본주의의 한계는 분명합니다. 지구 환경이 오염되고 빈부 격차가 커지고 있는 것은 국가가 GDP만을 좇고 기업이 매출을 올려 이익만을 추구하기 때문이라는 것을 많은 사람이 깨닫기 시작했습니다. 다시 말해 스포츠와 달리 회사에서는 매출과 수익이라는 목표 자체가 이리저리 흔들리고 있는 것이 현재 상황입니다.

선생님　맞는 말씀입니다.

리더　매출과 수익을 지표로 한 경쟁에서는 어쩌면 강권적 리더십 쪽이 강할지도 모르지만 매출과 수익만을 지표로 한 경쟁이 좋은지는 좀 더 생각해봐야 한다는 것이군요. 단순하게 승리를 목표로 하는 스포츠와는 그 점에서 다를지도 모르겠습니다.

분노로부터 자유로워지는 방법

야나사와　선생님, 여기에 대해서는 어떻게 생각하십니까? 제 친구 중에 부모에게서 온갖 욕설을 들으며 자란 아이가 있습니다. 그 아이가 회사에서 아주 심한 갑질 상사를 만났는데, 다른 동료들이 점점 병드는 가운데 그 아이만은 '이 상사는 아버지와 비교하면 훨씬 편하다'라고 생각하여 잘 지낼 수 있었다고 합니다.

선생님 혼나는 것에 익숙해지지 않으면 사회에 나올 수 없기 때문에 어렸을 때부터 혼내줘야 한다는 사람도 많습니다.

야나사와 전혀 혼내지 않고 키우는 것이 과연 괜찮은가 하는 문제죠.

선생님 혼나는 것에 익숙해져야 한다는 생각은 잘못됐습니다. 혼나면서 자란 사람이 '나는 혼나면서 자라서 다행이다'라고 생각해서는 안 됩니다. 오히려 '그런 방식은 안 된다. 나는 그런 방식을 취하지 않겠다'라고 생각해야만 이런 갑질의 쳇바퀴를 멈출 수 있습니다. 부모가 아이를 자신들과 대등하게 여기며 키우면 아이는 어른이 되어 갑질을 당하더라도 병들지 않습니다. 갑질을 당하면서도 '이 상사는 나에게 온갖 욕설을 뱉어대지만, 어차피 그렇고 그런 사람이다'라고 생각하며 여유를 가지고 냉정하게 상사를 바라볼 수 있기 때문입니다.

야나사와 절대적인 자신감이 있는 것이군요.

리더	반대로 상사에게 온갖 욕설을 듣고 병드는 사람은 왜 그렇게 약한 걸까요?
선생님	그것을 약하다고 표현하는 것 자체가 잘못되었습니다.
리더	그렇다면 폭언을 계속해서 들었을 때 견딜 수 없는 사람과 견딜 수 있는 사람으로 나뉘는 것은 어떻게 설명하면 좋은가요? 그 차이는 무엇입니까?
선생님	폭언을 뱉는 사람이 왜 그렇게 되었는지를 이해하는지 여부에 따라 다릅니다. 부모에게 민주적으로 교육받은 아이는 폭언을 뱉는 사람의 심리를 알기 때문에 병들지 않습니다.
야나사와	갑질 상사도 객관적으로 볼 수 있는 사람은 메타인지가 발달한 사람이군요.
선생님	그렇습니다. 갑질을 일삼는 사람의 심리를 아들러는 가치 저감 경향이라는 표현으로 설명합니다. 자신의 가치를 높이기 위한 노력을 하지 않고 타인의 가치를 낮춰서 자신의 가치를 상대적으로 올리려고 하는 것이죠. 가치 저감 경향이 있는 사람들은 아들러가 말하는 첫 번째 전쟁터, 다시 말해 본래 업무의 장에서는 자신이 유능하지 않다는 것을

알고 있습니다. 그래서 팀원을 두 번째 전쟁터로 끌어내는 것입니다. 중학생이 체육관 뒤로 친구를 불러내 협박하는 것과 같습니다. 즉 자신이 무능한 것을 들키지 않도록 본래 일과는 관계가 없는 두 번째 전쟁터에서 팀원을 혼내는 등 상대의 가치를 떨어트려 자신의 가치를 상대적으로 올리려고 합니다. 갑질을 하는 사람들은 대체로 무능합니다. 그러나 부모가 대등하게 대하며 키우면 아이는 이런 사실을 이해합니다. 폭언을 뱉는 사람은 무능한 사람이라는 것을 알고 있기 때문에 그런 사람에게서 폭언을 듣더라도 마음에 병이 생기지 않는 것이죠.

야나사와   그렇군요. 하지만 아무리 민주적으로 키워도 젊은 직원이 그렇게까지 고차원적이고 이성적으로 상황을 파악하기는 어려울 것 같습니다만…. 선생님은 화내는 것과 혼내는 것은 구별할 수 있는 것이 아니고, 리더는 화는 물론 혼내는 것도 안 된다고 주장하셨습니다. 그렇다면 불의에 대한 분노는 어떤가요? 정의감에서 분노가 일어나는 것도 다른 분노와 다르지 않습니까?

선생님   물론 사분(私憤)과 공분(公憤)은 구별해야 합니다. 사분이란 글자 그대로 개인적인 분노입니다. 부모가 아이를 혼내는 것도 상사가 팀원을 혼내는 것도 사분입니다. 반면 공분이란 공공의 분노입니다. 논리적으로 생각했을 때 틀림없이 이상하다고 판단한 것에 대한 분노입니다. 그런 분노는 지금 시대에 얼마든지 있습니다. 예를 들어 회사의 부정을 은폐하라고 상사가 팀원에게 명령한다거나 거짓말을 강요하는 일 같은 것입니다. 그런 일에 팀원이 분노를 느꼈다면 그 분노는 공분입니다. 그때야말로 미움받을 용기를 가지고 화를 낼 줄 알아야 합니다. 정의감에 기초한 분노라면 화를 내도 괜찮습니다. 다만 공분이라고 해도 감정적으로 화를 폭발시켜서는 일을 해결할 수 없습니다. 말로, 이성적으로 지적해야만 합니다.

야나사와 확실히 그렇습니다. 하지만 사분과 공분의 차이는 겉으로 봐서 구별하기 어렵고, 스스로도 구별하기 어렵습니다. 그렇다면 사분과 공분을 바꿔치기하는 일도 있을 것 같은데요.

리더   야나사와 씨도 직원에게 화를 내거나 직원들을 혼내는 일이 있습니까?

야나사와 물론 있습니다. 나중에 돌아보고 화내서 미안하다고 말하는 일도 많습니다. 지금 다시 생각해보면 화를 내는 그 순간에는 사분인지 공분인지 스스로 전혀 알아차리지 못했습니다. 지금 나의 이 분노가 사분인가 공분인가를 그 순간 올바르게 판단하기는 어렵습니다.

선생님 훈련이 필요합니다. 여기서 말하는 훈련은 분노를 억제하는 훈련이 아닙니다. 화를 내고 말았을 때 '내가 이 사람에게 정말로 전하고 싶었던 것이 무엇인가?', '무엇을 바라는가?'를 곰곰이 생각하는 훈련입니다. 그러다 보면 사실 분노라는 감정을 사용하는 것보다 더욱 효과적인 방법이 있었다는 사실을 깨닫습니다. 감정이 부딪치면 서로 불쾌한 기분을 느낍니다. 감정이 아니라 이성으로, 말로 생각을 전하는 방법을 배우면 분노는 필요 없어집니다. 이전만큼 화를 내지 않게 되었다는 것을 깨닫는 데 그다지 오랜 시간이 걸리지 않습니다. 제가 훈련이라고 말한 것은 분노를 대신할 방법을 사용하는 연습입니다. 분노를 대신할 방법을 배우면 분노 그 자체를 억누르는 것과 달리 화를 낼 필요 자체가 없어집니다. 그런 훈련의 첫 번째 단계는 분노의 감정이 일어났을 때 '나는 지금 화가 났다'라고 말해보는 것입니다. 제 아들이 어렸을 때 웃으면서 "짜증, 짜증, 짜증…"이라고 말한 적이 있습니다. 아이는 그때 제게 '지금 아빠가 하는 말에 나는 짜증이 났다'는 것을 전하고 싶었던 모양입니다. 짜증이 났다는 사실을 전하기만 하면 충분하고, 전할 때 실제로 짜증을 낼 필요는 없다는 것을 아이는 알고 있었습니다. 그렇기 때문에 웃으면서 말한 것입니다. 상사가 팀원에게 화가 났을 때도 화내지 않고 그 감정을 말로 전달해보면 어떨까요? 감정을 전할 때 말을 사용하는 훈련은 분노의 감정으로부터 자유로워지는 데 효과가 있습니다. 야나사와 씨가 화낸 것을 깨달은 후에 직원에게 사과하는 것은 중요한 일입니다. 분노를 느꼈다면 감정을 폭발시키는 것이 당연하다고 생각하는 사람이 그래서는 안 된다는 것을 깨닫고 감정을 폭발시킨 자신을 반성하고 사과하게 된다면 큰 발전입니다. 그런 말을 주고받는 상사와 팀원은 아주 좋은 관계라고 할 수 있습니다.

야나사와 사과하는 것이 서투른 사람도 있는데, 그 이유는 뭘까요?

선생님 사과를 패배라고 생각하기 때문입니다.

야나사와 사과하는 것이 서투른 이유가 승패에 지나치게 집착하기 때문이라는 말씀인가요?

선생님 그렇습니다. 승패에 집착해서 사과하지 못하는 사람은 자기밖에 모르는 사람입니다. 공동체 감각이 결여된 것이죠. 일과 관련이 있다면 패배해도 상관없습니다. 조직과 공동체에 공헌하는 것이 일의 목적이고, 그 목적이 달성된다면 패배해도 괜찮습니다. 반대로 목적 달성에 실패했다면 사과해야 합니다. 하지만 자존심이 세고 자기밖에 모르는 사람은 자신의 실패를 인정하고 사과하고 싶지 않아 합니다. 자신이 패배했다고 느끼기 때문입니다. 그런 사람의 존재는 조직과 공동체에 있어 마이너스일 뿐입니다.

야나사와 자신이 잘못했다고 판단했을 때만 사과한다는 사람은 기본적으로 사과하지 않는 사람입니다. 그런 사람은 애초에 자신이 잘못했다고 생각하지 않습니다.

선생님   저도 그렇게 생각합니다.

야나사와   자신이 잘못했다고 생각하지 않아도 사과할 수 있는 사람이 더 좋을지도 모르겠네요.

선생님   리더가 우선 그런 모델이 되어야만 합니다. 팀원에게 처음부터 사과할 수 있는 사람이 되라고 요구하는 것은 무리입니다. 그래서 리더가 먼저 사과해야 합니다. 그리고 일이 잘 풀리지 않을 때는 물러설 줄 아는 용기를 보여주었으면 합니다. 이것은 자신의 판단 실수를 인정하는 것이기 때문에, 리더가 이렇게 물러설 수 있다면 직장의 분위기는 상당히 많이 변할 것이라고 생각합니다.

리더   앞에서 절대적인 자신감에 대한 이야기를 했습니다. 갑질을 당해도 마음에 병이 생기지 않는 사람은 절대적인 자신감을 가진 사람이라고요. 하지만 늘 자신만이 옳다고 생각하면 안 됩니다. 절대적인 자신감과 더불어 자신의 잘못을 인정하고 물러설 용기가 함께 있는 사람이어야만 할 것 같습니다.

선생님   그렇습니다.

야나사와   다시 말해 자신감은 있지만 보이는 세계가 전부는 아니라는 것도 알고 있어야 한다는 말이죠. 자신을 믿지만 그것과는 별개로 다른 사람이 옳다는 것도 인정할 수 있어야 합니다.

리더   상반되는 것처럼 생각되는 두 가지 요소를 균형 있게 갖추는 것이 팀원에게도 상사에게도 요구되는군요.

야나사와   그런 감각은 어떻게 키우면 좋을까요?

선생님   코로나 사태를 직면하고 있는 지금은 특히 더 그렇지만, 리더가 되면 전대미문의 상황을 많이 접합니다. 전례를 참고해서 '이렇게 하면 되겠다'라고 생각하는 것만으로는 해결되지 않습니다. 전례가 없는 일들도 해결해나가야만 합니다. 그러다 보면 잘못되는 일도 당연히 생깁니다. 그렇다고 해도 리더는 확신을 가지고 '이렇게 하자!'라고 말할 수 있어야 합니다. 하지만 확신을 가지고 단언하는 동시에 자신이 잘못된 판단을 할 수도 있다는 것을 알아둬야만 합니다. 그 부분의 밸런스를 맞추는 것은 상당히 어려운 일이죠.

야나사와   그렇군요. 잘 알겠습니다.

칭찬 장벽을 낮추는 사람들

리더   야나사와 씨는 직원을 칭찬하는 유형의 리더인가
요?

선생님   흥미로운 질문이네요.

리더   화내는 것에 대해서는 무심코 감정이 나와버리는
일이 있다고 말씀하셨는데, 칭찬하는 쪽은 어떠신
가요?

야나사와   아마도 그다지 칭찬하지 않는 편이라는 생각이 듭
니다만…. 단순히 칭찬하지 않는 것과도 좀 다릅
니다. 잘했다고 생각하지 않으면서 칭찬하거나 칭
찬해서 자신이 원하는 방향으로 사람을 움직이게
하려는 것은 싫습니다. 저는 그렇게 느끼지 않았
는데, 젊었을 때 "야나사와 씨는 의외로 다른 사람
을 칭찬하지 않네요"라는 말을 들은 적이 있습니
다. 세상에는 적극적으로 직원들을 칭찬하는 경영
자도 꽤 있습니다. 그런 사람들과 비교하면 칭찬하
지 않는 타입으로 보이겠죠. 다만 정말로 잘했다고
생각했을 때는 솔직하게 말합니다. 그 기준이 낮다

는 생각도 듭니다. 물론 이건 제 주관적인 생각입니다.

선생님　칭찬의 기준이 낮은 것은 좋은 일입니다.

야나사와　가치관의 척도를 넓히면 칭찬할 만한 상황이 늘어납니다. 한 가지 가치관만으로 판단하지 않고 다양한 가치관을 어느 정도 인정하면 칭찬의 벽은 낮아집니다. 카약은 그런 방향성을 지향하죠.

리더　다양한 가치관을 인정하는 조직을 추구한다는 말씀이군요. 카약의 인사 평가나 급여제도 등은 상징적일지도 모르겠습니다.

야나사와　카약의 급여는 세 가지 요소로 결정됩니다. 상사의 평가와 직원들의 상호 평가 그리고 '운'입니다.

리더　운으로 결정되는 급여란 주사위 급여를 말씀하시는 거군요. 매월 월급날 전에 모든 직원이 주사위를 던져서 원래 월급에 주사위에 나온 수(%)가 추가되는 시스템이죠?

야나사와　이 시스템의 배경에는 '사람이 사람을 평가하는 이상 완벽하게 공평한 제도를 만들기는 어렵다. 그러니 사람이 아닌 하늘이 좌우하는 요소가 있어도 괜찮지 않을까?'라는 생각이 있었습니다. 무엇이라도 괜찮으니 무언가에 특출나다면 칭찬해주는 것이 카야의 조직 문화입니다. 칭찬의 벽은 낮지만, 무언가에 특출나지 않다면 전혀 인정받지 못하기 때문에 어떻게 보면 어려운 조직일지도 모르겠습니다.

선생님 하지만 야나사와 씨가 "대단하다!"라고 말할 때 야나사와 씨가 어떻게 생각하는가와는 별개로 상대가 조종하기 위한 칭찬을 받았다고 받아들이면 문제가 생길 수도 있습니다. 예를 들어 어린아이가 처음 걸음마 떼는 것을 보고 부모가 '대단하다!'라고 말했을 때 부모는 그런 식으로 칭찬할 생각이 없었어도 아이가 칭찬받았다고 받아들여 부담을 느낄 가능성은 있습니다. 다시 말해 부모의 대단하다는 말을 채찍질로 생각해 다음에는 걸으라는 의미일지 모른다고 생각한 아이는 그런 부모의 기대에 부응하기 위해 필사적으로 움직이게 될지도 모릅니다. 그리고 부모의 기대에 부응하지 못한다고 생각되면 더 이상 도전하지 않게 될 수도 있다는 말입니다.

야나사와 그렇겠네요.

선생님　그러므로 "대단하다!"라고 말한 후에 가능하다면 상대로부터 피드백을 받았으면 좋겠습니다. 지금 자신의 말을 상대가 어떻게 받아들였는지 확인하는 과정이 필요합니다. 귀찮다고 생각하는 사람이 있을지도 모르겠지만, 그래도 나의 말에 어떤 생각이 들었는지를 물어봅시다. 매번 묻지는 않더라도 가끔은 그런 확인을 할 수 있는 리더의 여유가 필요하다고 생각합니다. 그렇게 하지 않으면 독선적인 사람이 될 가능성이 높습니다. 잘했다고 생각하지 않으면서 대단하다고 말하는 것도 팀원을 조종하려는 것이고, 상사가 팀원을 대등하게 보고 있지 않다는 증거입니다. 상사와 팀원의 관계든 다른 인간관계든 상관없이 제가 칭찬해서는 안 된다고 주장하는 것은 그런 이유 때문입니다.

야나사와　그런 맥락에서 저는 애초에 인정 욕구가 적은 사람을 채용하려고 합니다.

선생님　중요한 부분입니다.

야나사와　인정 욕구라는 표현이 맞는지 모르겠지만, 주위 사람에게 인정받기 위해 필사적으로 노력하는 사람은 피하려고 하고 있습니다. 저희는 다른 사람을 도와주려는 마음이 강한 사람이 많은 조직이거든요.

선생님 인정 욕구가 강한 사람과 사귀는 일은 힘듭니다. 일일이 인정을 요구하기 때문이죠. 주위 사람이 자신을 인정하든 말든 관계없이 자신이 맡은 일을 해낼 수만 있다면 만족하는, 욕구를 스스로 채울 수 있는 타입이 함께하기 편합니다.

야나사와 그러나 이 부분이 0 아니면 100으로 확실하게 나뉘는 것은 아닙니다. 인정 욕구가 많은 편인가 적은 편인가의 문제죠.

선생님 하지만 야나사와 씨는 그 차이를 채용할 때 파악하고자 노력하십니다. '무엇을 할까'보다 '누구와 할까'를 중요하게 여긴다고 저서에 쓰셨는데, 그 이야기와 이어지는 것 같습니다. 칭찬받지 못하면 일을 하지 않는 사람이 분명 현실에 존재하고 이런 사람은 굉장히 성가십니다.

야나사와 저는 칭찬받고 싶은 사람이 있다면 칭찬해주면 된다고 생각합니다.

선생님 지금 야나사와 씨가 말씀하신 칭찬을 제 표현으로 바꾸면 공헌에 주목한다는 것이지, 고자세로 칭찬하는 것과는 다르지 않나요?

야나사와   아, 그렇군요.

선생님   공헌에 주목한 말과 칭찬하는 말은 완전히 다릅니
다. 그 예로 '고마워'가 있습니다. 고맙다는 말은
야나사와 씨도 중요하게 생각하시죠. 하지만 이 조
차도 다른 속셈을 가지고 사용한다면 팀원은 자신
을 인정해주는 칭찬의 말이라고 받아들이고 고맙
다는 말을 듣지 못하는 일이라면 열심히 하지 않
게 됩니다. 칭찬받지 못하는 일을 하지 않는 사람
은 물론이고 고맙다는 말을 듣지 못하면 일을 하
지 않는 사람도 곤란합니다. 그러므로 고맙다는 말
을 칭찬처럼 받아들이고 있지는 않은지에 대해서
도 상대에게 확인해볼 필요가 있습니다.

야나사와   제 경우에는 고맙다는 말을 스스로를 위해 하는
부분이 있는지도 모르겠습니다. 고맙다고 말하면
상대의 기분이 좋아지기 때문이 아니라 내가 발전
하기 때문에 그렇게 말하는 것이죠. 화가 나는 상
대라고 해도 이 사람은 이대로 괜찮다고 인정해주
는 마음으로 고맙다고 말합니다.

선생님   그렇군요. 말도 안 되는 사람과 사귈 때라도 거기

에서 배움이 있고, 그러므로 고맙다고 말할 수 있는 것이죠. 팀원의 실패도 배움의 기회가 될 수 있기 때문에 고맙다고 말할 수 있습니다. 자신이 교육한 부분에 문제가 있었다는 것을 알 수 있는 기회라는 점에서요. 이런 사용법은 아주 좋군요.

리더답지 않은 리더의 시대

야나사와 저는 20년 이상 경영을 일로 삼아왔는데요, 흔히 말하는 리더다운 사람은 아닌 것 같습니다. 초등학교나 중고등학교에서 동아리의 부장이나 학급 위원, 학생회장이 될 것 같은, 누가 봐도 리더 타입인 사람이 있잖아요. 저는 그런 타입은 아닙니다. 하지만 선생님의 책을 읽어보면 사회 변화에 맞춰 리더상도 변해서 어느새 저희 쪽으로 가까워지고 있는 것도 같습니다. 과거에는 누가 봐도 리더다운 사람이 리더가 됐지만, 앞으로는 저를 포함해서 리더답지 않은 사람이 리더가 되어야 하는 시

대인 거죠. 선생님의 주장에는 그런 리더상의 변화에 대한 부분이 일관되게 담겨 있는 것 같습니다. 하지만 그 변화를 증명할 수 있는가 하면… 직관적이지 않고, 명확한 데이터가 있는지도 잘 모르겠어요.

선생님 좀 전에 야나사와 씨와 틸 조직에 관한 이야기를 했죠. 조직의 진화 형태에는 5단계가 있고, 가장 진화한 형태가 피라미드 개념이 전혀 없는 틸 조직입니다. 하지만 지금 대부분의 기업은 선진적인 부분에서도 틸 조직보다 한 단계 전인 가족형 조직에 멈춰 있습니다. 피라미드 형태가 전혀 없는 틸 조직이라는 개념은 비교적 새로운 것이지만 150년 전에 태어난 아들러가 추구한 방식과 일치한다고 생각합니다. 지금까지 리더는 존재감 있고 강한 사람, 훌륭한 사람이라는 이미지를 가진 사람들이었습니다. 하지만 조직이 진화하면 그런 리더상도 변화하겠죠.

야나사와 리더에게 요구되는 자질이 변할지도 모르겠군요.

선생님 플라톤은 '정치가가 되고 싶어서 된 사람이면 곤란하다'라는 취지의 말을 했습니다. 자신이 되고 싶어서가 아니라 주위에서 요청해서 정치가가 되는 사람이 좋은 정치가라는 말입니다. 리더도 마찬가지라고 생각합니다. 리더의 책임은 무거운데, 그렇다고 해서 카리스마나 존재감이 필요한 것은 아니고, 오히려 리더는 존재감이 없는 편이 좋습니다. 리더가 없으면 전혀 돌아가지 않는 조직을 만들어서는 안 됩니다. 그런 리더라면 실격입니다. 자신이 없어도 돌아가는 조직을 만드는 것이 이상적인 리더이고, 그런 리더에게 존재감은 필요하지 않습니다. 야나사와 씨는 그런 리더인가요?

야나사와 어떨까요? 늘 그러려고 생각합니다만….

선생님 저는 리더상의 변화가 필연적이라고 느끼고 있습니다만, 야나사와 씨는 현실에서 그런 변화가 진행되고 있는지, 아니면 앞으로 진행될 것인지 확신을 갖지 못한다는 말씀인가요?

야나사와 선생님이 주장하는 것 같은 민주적 리더십과 종래의 카리스마 있는 리더십 둘 중 하나를 선택한다면 저는 민주적 리더십 쪽에 있다고 생각합니다. 다만 지금 저는 이쪽 스타일이 좋기 때문에 이쪽을 선택하고 있을 뿐입니다. 이쪽 스타일이 정말로 더 강하다거나 주류가 될 것이라는 이유로 이쪽을 선택했다고 할 수 있다면 민주적 리더십을 택할 사람이 지금보다 늘어나겠죠. 다만 그렇게 확신할 수 있을지는 모르겠습니다. 그렇지만 어느 쪽이 강한지와는 별개로 모두가 리더가 될 수 있도록 리더 교육을 해야만 한다고 생각합니다. 앞으로의 사회를 위해서요.

선생님　카약에는 전 직원 사장 워크숍이 있을 정도죠.

리더　전 직원 사장 워크숍에 대해서는 카약 사이트에서 인용해볼게요.

전 직원 사장 워크숍(연 2회)

～～～～～～～～～～～～～～～～～～～～～～～～～

회사의 모든 직원이 참가하여 회사에 대해 진지하게 생각해본다. 1년에 두 번 엔지니어도, 디자이너도, 디렉터도 모두 자신의 업무에서 벗어나 카약의 사장이 된 것처럼 회사에 대해 생각하기 위한 워크숍을 실시하고 있다. 카약의 제도와 앞으로의 비전에 대해서 팀을 나눠 브레인스토밍해보고 아이디어를 낸다. 마지막에는 팀별로 발표를 하고 좋은 기획은 실시하기도 한다. 카약이 중요하게 여기는 경영 이

넘이다. 매일 업무 중에 늘 이런 생각을 하기는 쉽지 않다. 적어도 1년에 두 번 진지하게 재검토해보는 자리가 이 워크숍이다.

~~~~~~

선생님 코로나의 영향까지 더해지며 세계는 점점 변해가고 있습니다. 야나사와 씨가 저서에 인용한 헤겔의 말이 떠오릅니다. "세계는 나선형으로 발전한다." 코로나가 끝나면 많은 사람이 재택근무를 그만두고 이전처럼 매일 출근하게 될지도 모릅니다. 하지만 그것이 과거와 완전히 똑같은 장소로 돌아가는 것을 의미하지 않습니다. 재택근무를 했던 경험은 남아 있을 것입니다. 우리 사회의 변화는 흔들리는 진자와 같습니다. 한 번 극단으로 달려간 후 다시 반대쪽 끝으로 달려가기를 반복하면서 결국에는 가야 할 위치에 도달합니다. 헤겔이 말한 정반합의 변증법과 같습니다. 리더십의 방향도 마찬가지입니다. 변하지 않는 것처럼 보여도 실제로는 확실히 변화하고 있습니다.

야나사와 이해됩니다. 지금 하신 말씀에서 무언가 해답을 찾은 것 같습니다. 감사합니다. 비록 오늘은 온라인 만남이었지만, 직접 뵐 날을 기대합니다.

선생님   네, 꼭 만납시다.

안전한 팀이 성과를 만든다

선생님은 '생산성', '생산적'이라는 말에 부정적이다. 하지만 기업을 경영하는 입장이라면 생산성에 무관심할 수는 없다. 2부에서 선생님과 대담을 한 기업가는 이런 문제 제기를 했다. '조직의 생산성과 개인의 행복은 양립할 수 있지 않을까?'

지금부터는 선생님이 이야기하는 생산성에 대해 정리해 보려 한다. 철학자이자 아들러 심리학을 연구한 선생님이 주장하는 리더론에는 최근 경영학 분야에서 대두되고 있는 사고방식과 겹치는 부분이 많다.

리더에게 카리스마는 필요 없다는 것을 경영학자의 입장에서 밝힌 사람으로 짐 콜린스(James Collins)가 있다. 콜린스가 1994년에 제리 포라스(Jerry Porras)와 함께 쓴 저서 『성공하는 기업들의 8가지 습관』은 대단히 탁월한 기업(비저너리 컴퍼니)과 그 정도 영역에는 도달하지 못한 우량 기업의 차이를 6년에 걸쳐 조사한 결과물로서 베스트셀러다. 이 책에서 콜린스는 존속하는 비저너리 컴퍼니를 만든 리더들이 카리스마 있는 지도자가 아니었다는 사실을 다음과 같이 인상적인 문장으로 설명한다.

훌륭한 아이디어를 가지고 있거나 훌륭한 비전을 가진 카리스마 있는 지도자는 '때를 알리는 일'을 한다. 반면 단독 지도자의 시대를 훨씬 뛰어넘어서 몇 가지 상품의 라이프 사이클을 통해 계속해서 번영하는 회사를 세우는 것은 '시계를 만드는 일'이다.

다시 말해 정말로 우수한 리더는 때를 알리는 리더가 아니라 시계를 만드는 리더이고, 그것은 카리스마 있는 지도자가 아니라는 것이다. 콜린스는 또 2001년에 출간한 『좋은 기업을 넘어 위대한 기업으로』에서 "비저너리 컴퍼니를 세우는 5단계 경영자란 개인으로서는 극단적일 정도로 겸허하고 직업인으로서는 강한 의사를 함께 갖춘 지도자다"라고 했다. 좋은 리더에게 카리스마는 필요 없다는 선생님의 주장이 이런 경영학의 연구 결과와도 일치한다.

그 외에도 이 책의 서두에 쓴 것처럼 서번트 리더십이나 임파워먼트, 심리적 안정감이라는 개념도 선생님의 사고방식과 일치한다. 서번트 리더십은 로버트 그린리프(Robert K. Greenleaf)가 1969년에 주장한 개념으로 일반적으로는 '하인'이라고 번역되는 '서번트(servant)'의 역할과 팀을 이끄는 '리더'의 역할을 한 사람이 함께 가진다는 의미를 담고 있다. 또한 경영학자이면서 컨설턴트이기도 한 켄 블랜차드(Ken Blanchard)가 임파워먼트 조직을 알리는 활동을 추진한 것은 1980년대 중반 이후다. 블랜차드의 저서 『임파워먼트는 1분 이상 필요하다(Empowerment Takes More Than a Minute)』에 따르면 임파워먼트란 "직원이 스스로의 힘으로 일을 진행할 수 있는 환경을 만들겠다는 조치"이다. 마지막으로 심리적 안정감은 조직행동학을 연구하는 에이미 에드먼슨(Amy C. Edmondson)이 1999년에 주장한 개념이다. 에드먼슨은 자신의 저서에서 심리적 안정감을 "모두가 스스럼없이 의견을 말할 수 있고 자기다울 수 있는 문화"

라고 정의한다. 심리적 안정감이 확보될 때의 장점을 에드
먼슨은 저서 『두려움 없는 조직』에서 이렇게 말한다.

> 직장에 심리적 안정감이 있으면 부끄러운 기분이 들지 않
> 을까, 보복당하지 않을까 같은 불안감 없이 모두가 걱정이
> 나 잘못을 이야기할 수 있다.
> (…) 직장 환경에 상당한 심리적 안정감이 있을 경우 긍정
> 적인 일이 일어난다. 우선 실수가 신속하게 보고되어 바로
> 수정할 수 있다. 그룹이나 부서의 경계를 넘은 단결이 가
> 능하게 되고 혁신으로 이어질지도 모르는 놀라울 정도의
> 참신한 아이디어가 공유된다. 다시 말해 복잡하고 끊임없
> 이 변화하는 환경에서 활동하는 조직에게 심리적 안정감
> 은 가치 창조의 근원으로 결코 빠져서는 안 되는 것이다.

이렇게 심리적 안정감이 있는 조직은 선생님이 생각하
는 이상적인 리더십이 발휘되는 팀의 모습과 거의 일치한
다. 대등한 관계인 리더와 팀원이 어느 한쪽을 위압하는
일 없이 솔직하게 의견을 나누는 것이 심리적 안정감이 있
는 조직이다. 그런 관계가 만들어진 직장이라면 거기에서
일하는 사람들은 행복하면서 동시에 생산적일 수 있다.

심리적 안정감이 중요해진 데에는 "현대에 성장을 추진하는 것은 발상과 창의가 넘치는 아이디어이고 그것을 담당하는 사람이 지식 노동자(knowledge worker)"라는 배경이 있다고 에드먼슨은 지적한다. '지식 노동자'라는 말은 피터 드러커가 저서 『단절의 시대』에서 처음 사용했다. 드러커는 지식 노동자를 '매뉴얼 워커'와 대치시켰다. 다시 말해 지식 노동자란 시킨 일을 시키는 대로 수행하는 사람이 아니라 스스로 판단해 일하는 사람을 가리키는 말이다. 20세기에 발견된 지식 노동의 비중은 점점 증가해 21세기인 지금은 지식 노동이 아닌 일을 거의 찾아볼 수 없다. 그리고 지식 노동자가 더 생산적이기 위해서는 어떻게 하면 좋을지를 탐구한 끝에 심리적 안정감이라는 비밀을 찾아낸 것이다.

그렇다면 과연 생산적이라는 것은 무엇일까? 생산성은 무엇을 의미할까? 선생님은 리더와 팀원뿐만 아니라 모든 사람과 사람의 관계를 생산성으로 파악해서는 안 된다고 말한다. 생산성이란 인간의 가치를 '행위'에서 찾는 말이다. 하지만 본래 인간의 가치는 그 사람의 행위가 아닌 '존재' 자체에 있다. 일에서 성과를 내야만 하는 것은 당연하더라도, 지금은 일에서 성과를 내지 못하는 젊은 직원들과 좋은 관계를 만들어 그들을 키워야만 한다. 생산성을 전면에 내세우면 그들과의 관계를 하찮게 여길 수 있다. 관계를 해칠 수도 있는 것이다. 선생님은 생산성이라는 말에 그런 걱정을 담고 있다.

하지만 분명 생산성을 추구했던 경영학이 인간의 행복을 탐구해온 선생님의 리더십론과 일치한다는 것은 무슨 뜻일까? 그런 의문에 대해 선생님은 이렇게 말한다. 지금부터 그 이야기를 해보겠다.

사회 심리학자 에리히 프롬은 생산성이라는 말을 창조성과 거의 같은 의미로 사용했다. 1900년에 태어난 프롬은 1909년에 태어난 피터 드러커와 같은 시대를 살았다. 생산적이란 영어로 말하면 '프로덕티브(productive)'인데, 프롬은 이 말을 '크리에이티브(creative)'와 거의 같은 의미로 사용했다. 프로덕티브의 어원은 라틴어의 'prōdūcere'이고, 이것은 앞으로 나아간다는 의미이다. 생산적이라고 하면 무언가 구체적인 물건을 만들어낸다는 것처럼 인식하는 일이 많지만 어원을 따라가보면 자신의 내면이나 누군가의 내면에 무언가를 만들어내는 것이 모두 프로덕티브이고 생산적인 것이다. 그렇게 생각하면 생산성이라는 말을 창조성이라는 말로 바꾸는 것이 좋을지도 모르겠다.

그런 의미에서 생산적이기 위해서는 에드먼슨 교수가 말하는 심리적 안정감이 꼭 필요하다. 젊은 직원의 주장을 처음부터 안 된다며 부정하는 직장에서는 창조적인 사람이 탄생할 수 없다. 마찬가지로 리더가 팀원들 눈치를 보며 하고 싶은 말을 하지 못하는 상황에서도 창조적인 사람은 탄생하지 못한다. 누가 말하는가가 아니라 무엇을 말하는가로 판단하는 것이 중요하다. 나아가 아들러가 말하는 불완전할 용기가 필요하다. 리더들도 잘못할 수 있다. 그럴 때 잘못을 인정하고 물러설 줄 아는 용기가 필요하다. 그리고 또 팀원들에게 불완전해도 괜찮다는 것을 전하고 인정해야만 한다. 리더가 팀원에게 불완전해도 괜찮다는 것을 인정해주면 팀원도 리더에게 완전할 것을 요구하지 않을 것이다. 키워드는 창조성과 대등 그리고 불완전이다.

지금까지 이 책에서 나눈 논의로부터 도출되는 리더의 역할은 '창조성을 발휘하며 일에 보람을 느낄 수 있다는 의미에서 팀원이 행복할 수 있는 환경을 조성하는 것'이다. 리더와 팀원 사이에 대등한 관계가 성립된다면 팀은 창조적이고 행복해질 것이다. 그것이 아들러 심리학, 철학과 경영학의 교점에서 찾아볼 수 있는 리더십의 단 한 가지 답이고 희망이기도 하다.

좋은 리더의 길목에서

한때는 직장에서 상사가 팀원을 혼내는 일이 당연하게 여겨졌다. 하지만 그런 행동에 '갑질'이라는 이름이 붙자 그래서는 안 된다는 생각이 널리 퍼졌다. 미키 기요시는 저서 『인생론 노트』에서 다음과 같이 말했다. "습관은 전통적인 것이고, 습관을 깨트리는 것은 유행이다." 여기에서 미키 기요시가 말하는 유행이란 새로운 생각이라는 의미다. 갑질은 안 된다는 새로운 사고방식이 전에는 없었지만, 갑질이라는 말이 널리 퍼지며 상사는 팀원을 혼낼 수 있다는 습관을 깨트려버린 것이다.

깨트렸다는 말이 지나친 표현일지도 모르겠다. 화내는 것과 혼내는 것은 다르고, 큰 소리를 내며 지도하는 일이 필요하다고 생각하는 사람은 지금도 많기 때문이다. 그런 사람이라도 지금까지 당연하다고 생각해온 일을 부정하는 사고방식을 한번 알게 되면, 팀원을 혼낼 때 적어도 망설이는 기분은 생기게 될 것이다.

혼내는 것이 갑질이라는 것을 이해하더라도 팀원과의 관계가 여전히 상하 관계인 한 혼내는 대신 칭찬하면 된다고 생각하는 사람도 있을 것이다. 왜 전통적인 습관은 바꾸기가 어려울까? 내부의 것, 오래된 것을 따라 하고 이전 리더십의 방식을 답습하는 것이 더 쉽기 때문이다. 이렇게 리더가 된 사람이 전임자를 모방하는 것에서부터 습관이 형성된다. 하지만 오래 지속된 습관은 시대의 변천에 따라 의미를 잃어가고 폐해가 생기기도 한다. 전통적인 습관을 깨트리는 것이 유행, 즉 새로운 생각이라고 미키 기요시는 말한다. 유행은 외부의 것, 새로운 것을 모방한다. 전통적인 리더십만 아는 사람에게는 익숙하지 않아 바로 받아들일 수 없는 것이 당연하다.

물론 새로운 생각이 빈드시 옳은 것은 아니다. 유행은 문자 그대로 시기적 유행을 타는 경우가 있고, 일시적으로 받아들여지더라도 바로 잊히는 경우도 있다. 새로운 생각을 검증하여 그것을 종전의 습관을 대체할 것으로 받아들이기 위해서는 지적인 판단이 필요하다. 미키 기요시가 "습관이 자연적인 것인 데 비해 유행은 지성적인 것이다"라고 한 말은 그런 의미이다.

내가 이 책에서 제시한 이념은 알프레트 아들러가 창시한 개인 심리학이다. 이 심리학은 유럽과 미국에서조차도 새로운 생각으로 여겨지며 시대를 50년에서 100년 앞서가는 것이라는 말을 들었다. 아들러는 다음과 같이 말한다.

시중드는 사람과 지배하는 사람으로 구분하는 방식을 떨쳐내고, 모두를 완전히 대등하게 대하는 것은 지금도 여전히 어렵다. 하지만 이런 생각을 하는 것이 이미 진보다.

대등한 관계가 지금도 여전히 어려운 것은 사실이다. 현재가 아들러의 시대와 크게 다르지 않을지도 모르지만, 제2차 세계대전에 대해서 아는 우리에게는 세계를 바꿀 책임이 있다고 생각한다. 무솔리니의 칭호는 'Duce', 히틀러의 칭호는 'Führer'였다. 이것은 모두 지도자, 리더라는 의미이다. 내가 리더에게는 카리스마도, 강한 힘도 필요 없다고 말할 때마다 독재자들의 얼굴이 떠오른다. 리더는 일에 대한 결정을 스스로 내려야만 하고 그 결정에는 책임이 따른다. 다른 사람의 지시에 따라 일하는 것이 편하다고 느끼는 사람은 지시를 내려야 하는 리더가 되기를 망설일지 모른다. 또한 자신이 지시를 받는 편이 편했던 탓에 일방적으로 지시를 내리는 지배적인 리더가 될지도 모른다.

이 책에서 내가 밝힌 민주적 리더십은 리더와 팀원이 완전히 대등할 것이 전제이다. 대등한 관계를 한 번도 경험한 적 없는 사람이 그것이 무엇인지 이해하는 것은 한여름 더위 속에서 겨울의 추위를 상상하는 것만큼이나 어려운 일이다. 하지만 이 책을 읽어주신 분들은 대등한 관계를 어떤 방식으로든 경험했을 것이라 생각한다. 그렇지 않더라도 이 책을 읽고 대등한 관계에 대해 이해하고 어떻게 행동하면 좋을지 생각해본다면, 아들러의 말을 빌려 이것이 이미 진보라 할 수 있다.

기시미 이치로

옮긴이 **부윤아**

어렸을 적부터 다른 사람의 책장을 구경하기를 좋아했다. 대학에서 경제학과 국어국문학을 전공하였다. 다른 나라의 책을 먼저 구경하고 소개하는 번역가의 일에 매력을 느껴 일본어 번역가가 되었다. 다양한 언어를 공부하면서 언어에 담긴 문화의 깊이를 이해하고 책을 통해 문화와 문화, 사람과 사람을 이어주는 번역가가 되고자 힘쓰고 있다. 옮긴 책으로는 『코지마 히데오의 창작하는 유전자』 『케이크를 자르지 못하는 아이들』 『당신의 분노는 무기가 된다』 등 다수가 있다. 현재 출판번역에이전시 글로하나에서 다양한 분야의 일서를 번역, 검토하고 있다.

리더를 위한 6가지 아들러의 가르침

철학을 잊은 리더에게

초판 1쇄 인쇄 2022년 12월 28일
초판 2쇄 발행 2023년 1월 30일

지은이 기시미 이치로
옮긴이 부윤아
펴낸이 김선식

경영총괄이사 김은영
콘텐츠사업본부장 박현미
책임편집 백지윤 **디자인** 황정민 **책임마케터** 오서영
콘텐츠사업4팀장 임소연 **콘텐츠사업4팀** 황지민, 박윤아, 옥다애, 백지윤
편집관리팀 조세현, 백설희 **저작권팀** 한승빈, 김재원, 이슬
마케팅본부장 권장규 **마케팅1팀** 최혜령, 오서영
미디어홍보본부장 정명찬 **디자인파트** 김은지 이소영 **유튜브파트** 송현석
브랜드관리팀 안지혜 오수미 **크리에이티브팀** 임유나 박지수 김화정 **뉴미디어팀** 김민정 홍수경 서가을
재무관리팀 하미선, 윤이경, 김재경, 안혜선, 이보람
인사총무팀 강미숙, 김혜진, 지석배
제작관리팀 박상민, 최완규, 이지우, 김소영, 김진경, 양지환
물류관리팀 김형기, 김선진, 한유현, 전태환, 전태연, 양문현, 최창우
외부스태프 교정교열 박영숙
　　　　표지 그림 Kibong Rhee, 〈Where You Stand D-1〉, 2022, Acrylic and polyester fiber on canvas, 186x186cm ⓒ Courtesy of the artist and Kukje gallery / Photo by Chunho An

펴낸곳 다산북스 **출판등록** 2005년 12월 23일 제313-2005-00277호
주소 경기도 파주시 회동길 490 다산북스 파주사옥 3층
전화 02-702-1724 **팩스** 02-703-2219 **이메일** dasanbooks@dasanbooks.com
홈페이지 www.dasanbooks.com **블로그** blog.naver.com/dasan_books
종이 (주)아이피피 **인쇄 · 제본** 갑우문화사 **코팅 · 후가공** 평창피앤지

ISBN 979-11-306-9621-8(03320)